民族魂

学生成长励志故事读本

公正廉洁故事

陈志宏◎编著

延边大学出版社

· 延吉 ·

图书在版编目（CIP）数据

公正廉洁故事 / 陈志宏著 . —延吉 : 延边大学出版社 , 2013.3（2024.1 重印）

ISBN 978-7-5634-5396-2

Ⅰ . ①公… Ⅱ . ①陈… Ⅲ . ①品德教育—中国—青年读物 ②品德教育—中国—少年读物 Ⅳ . ① D432.62

中国版本图书馆 CIP 数据核字 (2013) 第 049011 号

公正廉洁故事

主编：陈志宏

责编：郭玉玲

封面设计：映像视觉

出版发行：延边大学出版社

社址：吉林省延吉市公园路 977 号 邮编：133002

电话：0433-2732435 传真：0433-2732434

网址：http://www.ydcbs.com

印刷：天津市天玺印务有限公司

开本：155×220 毫米 1/16

印张：8

字数：50 千字

版次：2013 年 03 月第 1 版

印次：2024 年 01 月第 4 次印刷

书号：ISBN 978-7-5634-5396-2

定价：38.00 元

民族魂，是一个民族的精髓，体现了一种民族的精神，是民族存在的精神支柱。

说起民族的精神，人们通常都会想到爱国主义。从古代的屈原、岳飞，到近代为保卫祖国领土完整的人民英雄；从古代的发明家张衡、毕昇，到今天为祖国的建设事业贡献力量的科学家；从古代的李白、杜甫，到今天为民族文学艺术的提高而不懈奋斗的文学家……在他们身上，都体现出一种广义的爱国主义和爱国精神。

前 言

爱国主义是一种伟大的民族精神，也是中华民族的传统美德，与我们祖国上下五千年的历史一样源远流长。作为一种巨大的精神力量，它对中华民族的历史发展与进步产生了重大的影响。

在我国古代历史上，不仅出现过许多杰出的政治家、军事家、思想家、文学家、科学家、艺术家，还出现过一大批忧国忧民、鞠躬尽瘁的仁人志士和抗击外敌、抵御入侵的民族英雄。他们或开发和改造祖国的河山，创造灿烂的中华文明；或英勇反击民族压迫和外来侵略，捍卫国家的主权和民族的尊严；或坚决反对民族分裂，维护国家的统一和民族的团结；或顺应历史潮流，积极改革弊政，励精图治，治国安邦，施利于民……他们从不同的侧面体现了中华民族的爱国主义精神，谱写了爱国主义的壮丽诗篇，铸造了中华民族坚不可摧的"民族

I

之魂"。

　　人们之所以将爱国主义精神作为中华民族精神的主要特征，是因为19世纪以来的中华民族饱受外来民族的欺凌、压迫和剥削，从而需要以爱国主义来凝聚人心、努力奋斗，从而获得民族的解放。

　　翻开中国近代史册，最触目惊心的是一场场的战争、一件件的国耻。深重的民族灾难，撞击着每一个爱国者的心。帝国主义列强发动了第一次鸦片战争、第二次鸦片战争、中法战争、中日甲午战争、八国联军之役等大小100多次战争。每一次战争，都以强迫清政府签订不平等条约而结束。

　　面对亡国灭种的威胁，华夏大地的炎黄子孙们掀起了波澜壮阔的爱国热潮，创造了光照千秋的爱国主义业绩。中华民族所散发出来的民族精神，无论在深度和广度上都是前无古人的。无数民族英雄、志士仁人，在救国图存、振兴中华的斗争中所表现出来的爱国精神，既是对中华民族古代爱国主义传统的继承与发扬，又具有鲜明的时代特征。

　　除了爱国主义之外，勤劳、勇敢、诚信、团结、知礼、尊贤、节俭、敬业，热爱和平、不屈不挠、自强不息、励精图治、开拓创新等，也都是中华民族的精神精髓，是中华民族灵魂的具体表现。在五千年的历史中，我们的先辈在这片土地上，以这种高尚的品行和美德不

断地开辟，才有了如今屹立于世界民族之林的东方强国。作为一个有着漫长历史的积淀与升华的民族，伟大的民族精神早已烙刻在了我们每个人的灵魂深处，与我们的血肉融合在一起。

　　青少年是国家的希望，也是民族不断发展和延续的根本。总有一天，我们的民族精神、我们祖国的这片神奇的土地要传到当代青少年手中。从这个意义上来说，我们民族精神的生机与活力，我们祖国的命运与前途，也掌握在青少年的手中。因此，青少年的爱国主义教育和励志图强教育也就显得更加重要。为了增强和提升国民教育，尤其是青少年的爱国主义精神、民族精魂志向，我们精心编写了本套丛书——《民族魂——学生成长励志故事读本》丛书。

　　本套丛书将有史以来体现民族精神和民族灵魂的典型事迹，以通俗易懂的故事形式娓娓道来，非常适合青少年的阅读水平和欣赏口味。书中提供了古往今来多个典型人物和事件典范，展现出的人物也涉及社会的各个层面，有利于青少年立心、立志、爱国、进取，从而全方位地领悟中华民族的精神、灵魂之所在。

　　在本套丛书中，为帮助读者更好地理解和学习这些源远流长的美好精神，我们还在每一篇故事后面给出了"心灵物语"，旨在令故事更加结合现代社会，结合我们自身的道德发展，提高我们的民族爱国精神，并由此

而引发读者进一步的思考。

深刻的哲理人生，表现了博大精深的文化；精彩的人物事迹，道出了励精图治的典范；历代的爱国故事，喻出了民族精神的深意；高尚的品德展现，浓缩了上下五千年的灿烂文明……我们希望，青少年朋友们通过阅读本套丛书，能够受到深刻的爱国主义教育，能够真正体会到中华民族的灵魂所在，同时更能够汲取精华，励精图治，为提升自己的个人素质、为祖国未来的建设和发展作出努力。

全套丛书分类编排，内容详尽，文字优美，风格独具，是广大读者，尤其是青少年爱国励志教育的优秀读物。我们相信，本套丛书一定可以成为青少年朋友们的良师益友。

民族魂——学生成长励志故事读本

廉就是不贪，贪婪是一切罪恶的根源。贪欲就是要无偿地占有他人的劳动成果，为了这一目的，可能采用各种手段，如偷盗、抢劫、欺骗，甚至是战争。中华民族的先人们认识到贪婪对社会和人类造成的危害，很早就提出了"廉"的观念，在长期的历史进程中，形成了以清廉为重要内容的美德文化。廉是中华传统美德的重要组成部分，也是其他美德的基础之一。在封建社会里，"礼、义、廉、耻"是评判人的道德标准，尤其是在官僚士大夫阶层，公正廉明更是对各级官员最起码的要求。

"廉不妄取"是指在不义之财面前能不动心、不伸手；对不该得的利益不追求、不妄取。在各种诱惑面前保持独立的人格和尊严，既不做金钱的奴隶，又不做美色的俘虏，从而达到高尚的思想境界。对个人来说，"廉"是一种品格，能体现个人的品质素养。古人提倡的是"居庙堂之上，当思报国抚民；退林泉之下，当思独善其身"。"廉"既是报国抚民应具备的品格，又是独善其身的优良素养。

在中国历史上，凡是有作为的君主，考察下属的重要依据就是看他是否廉洁，对有贪污行为的官吏处罚非常严厉，如朱元璋统治时期，处理贪官的极刑是"剥皮实草"。但是，在等级社会里，法律对廉洁的保证是苍白无力的，所谓"三年清知府，十万雪花银"，这种现象无法从根本上解决。"千里来做官，为的吃和穿"成了官场的口号，在"一任县官做下来，几代人吃不穷"的心理作用下，巧取豪夺、吏治败坏的现象层出不穷，屡禁不止。既然皇帝能把天下视为一己之私，各级官员也能把自己的职权范围当成个人的领地，为所欲为。所以，在有阶级剥削和压迫的社会里，廉洁只能是个人行为，是个人素质和品格的体现，不能解决社会黑暗的根本问题。唯其如此，廉不妄取的品行就更显得难能可贵。

新中国成立后，干部是人民公仆，与旧社会的官吏有本质的不同。干部的宗旨是全心全意为人民服务，廉洁自律成为广大干部的基本素质。从普遍意义上说，廉不妄取已成社会风气，那些贪污腐化、以权谋私、行贿受贿的行为是触犯党纪国法的错误和罪行。但是，由于一些干部为人民服务的思想意识不强，个人的品德修养不够，依然有以权谋私、贪污腐败、无耻地大量侵占国家和百姓财产的现象出现，有的已被绳之以法，成了新时代人民的罪人。所以，"廉不妄取"依然是今天人们的必修课，尤其是有一官半职的人，更应该不断学习和提高自己的道德意识，加强个人品德的锤炼。

本书中，我们精心选编了历史上体现"廉不妄取"精神的经典故事，希望读者能够以他们为楷模，做到洁身自好，真诚秉直，不断地完善自我，抵制各种不良诱惑，抵制社会上的歪风邪气，做一个有高尚品德的人。如果我们坚持继承和弘扬这种美德，则党风、政风、民风将呈现崭新的面貌，和谐社会会早日实现，中国特色社会主义建设的千秋大业也会提前完成。

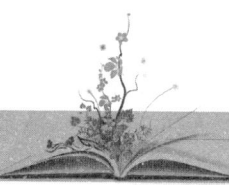

目录
CONTENTS

第一篇
为官廉政不贪

子罕不贪他人之宝

子罕（生卒年不详），春秋时期宋国大臣。因为官清廉、体恤百姓而名垂青史。

传说春秋时，有个宋国（以下简称宋）人在山上干活时，无意间发现了一块晶莹温润的石头，估计是块难得的宝石，就把它带回家去。为了证实这块石头的价值，他请了一位玉工到家里来鉴别。那玉工仔细看过以后，赞叹道："这真是个宝贝，怎么挑也挑不出一点儿毛病。不过你们这里的风气不好，你小心一点儿，千万别在人前显露它。"

宋人听了玉工的话，就赶快把宝石藏了起来，可是村里几个不务正业的人发现宋人与玉工来往，看出了苗头，经常探头探脑到宋人门前张望。宋人担心会出事，夜里觉都睡不好。他想把宝石拿到市场上去卖，又怕让商人占了便宜，思来想去，决定把宝石送人，也好留一份人情。

第二天，宋人趁村里人不注意，带着宝石悄悄地进了城。宋人到子罕府上，并献上宝石。

子罕觉得很奇怪，说："你我素不相识，为什么送东西给我呢？一定是有什么为难的事要我帮忙吧。可是我从来不接受别人的赠礼啊！"

宋人连忙说："我没有事求您，这块玉经鉴定是宝物，我才敢拿来送您，表示一点儿心意。"

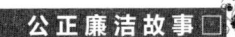

"我不能接受，如果我接受了你的礼物，我们两人都会有损失。"子罕知道宋人不明白他的意思，就接着解释说："我把'不贪'作为宝贝；你把宝玉作为宝贝。如果你把宝玉给了我，你自然失去了宝贝；我接受了你的玉，我也就失去了'不贪'这件宝贝，你我不都有损失吗？"

宋人没有办法，只好说出了事情的原委。子罕知道宋国治理得不好，自己也有一份责任，心里感到惭愧，就让宋人暂时住在他家。子罕叫玉工来为他琢玉，然后替他拿到市场上去卖掉，最后将卖玉得来的钱交给宋人，打发他回家。

宋人非常高兴，庆幸自己遇上了好人，一路上念叨着："世上难得有以不贪为宝的人，这辈子，我永远不会忘记他！"

心灵物语

子罕是当时宋国的权贵，他不贪财物，注重自己的品德修养，显示了中华民族廉不妄取的传统。

史海钩沉

仁义之师的由来

春秋时期，宋襄公与楚国的军队在泓水之滨交战。

当时，宋兵已经做好进攻的准备，而楚军还没有渡河。这时，右司马就向宋襄公献计说："楚军多而宋军少，趁他们正在过河尚未列队时发动突然攻击，他们必败无疑。"

宋襄公自称自己的军队为"仁义之师"，说："我听得君子说：'双方交战，不伤害已经受伤的人；不擒头发斑白的老兵；人处险地，不推他跌下深渊；人处困境，不逼他走投无路；不进攻尚未列成阵势的队伍。'现在楚军还未完全渡河，我们发动攻击，这是不道德的。还是让他们全部渡河摆好阵势后，再击鼓进攻吧。"

右司马说："您不爱护我国的人民，让国家受到损害，难道这就是

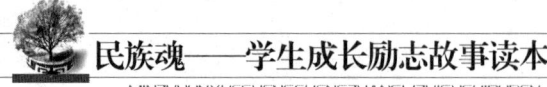
讲道德了吗？"

等到楚军渡过河摆好了阵势，宋襄公才下令击鼓进军，结果宋兵大败，襄公的大腿也受了重伤，三天后就死了。

□文苑荟萃

玉

玉是一种在世界各地都广受欢迎的宝石。广义上的玉不仅包括硬玉和软玉，还包括蛇纹石、青金石、玛瑙、珊瑚、大理石及其他意义上的宝石。

软玉通常指产于中国新疆一带的白玉、青玉、碧玉与东北岫玉等，硬玉则是指产于缅甸的翡翠。东汉时期，许慎在其著作《说文解字》中解释："玉，石之美者。"因而在中国，"玉"的种类繁多，关于"玉"的分类至今也没彻底解决。中国人喜爱玉，爱它的晶莹、高洁，赋予它人性化的品格，逐渐形成了玉文化。

"玉"字在古人心中也是一个美好、高尚的字眼。在古代的诗文当中，常用玉来比喻和形容一切美好的人或事物。如金玉良缘、金科玉律、珠圆玉润、抛砖引玉等，有关玉的民间传说和故事如《和氏之璧》《鸿门宴》《女娲补天》等，还有一部感人至深的《红楼梦》，是曹雪芹把人生的理想寄托在这块顽石美玉里。由此可见，对玉的喜爱在中国人的心中深深地扎下了根。

孙叔敖一生清正

> 孙叔敖（约公元前630—前593年），芈氏，名敖，字孙叔，春秋时期楚国思邑（今河南信阳）人，楚国名臣。在海子湖边被楚庄王举用，公元前601年，出任楚国令尹（楚相），辅佐楚庄王施教导民，宽刑缓政，发展经济，政绩赫然。他主持兴修了芍陂（今安丰塘），改善了农业生产条件，增强了国力。司马迁在《史记·循吏列传》中列其为第一人。

孙叔敖，春秋时期楚国名臣。

孙叔敖尽管爵高、权重、禄厚，但平日只"乘栈车牝马，披羊之裘"，连他的妻子也"不衣帛"。他的随从见他如此俭朴，劝他说："坐新车则安全，乘肥马则行得快，穿狐裘则暖和，您应该换成新车、肥马、狐裘。"他却谦虚地说："君子穿上好衣服更加恭谦；小人穿上好衣服更加傲慢。我没有好的品德能与新车、肥马、狐裘相配。"

有一次，有位名士去拜见孙叔敖，问他："我听说做官做久了的人，会遭到读书人的忌妒；俸禄丰厚的人，百姓会怨恨他；地位尊贵的人，君主会厌恶他。而今，您为官久、禄厚、位尊，样样俱占，却没有得罪任何人。这是为什么呢？"孙叔敖听后爽快地答道："我虽然身为令尹，但心里更加谦虚；每当我的俸禄增加，得到我所施舍钱财的人也随之增加；我的地位越尊贵，待人的礼数越恭谨。正因为这一缘故，才没有得罪楚国各界人士。"

　　鉴于孙叔敖功勋卓著，楚庄王曾多次要赐他封地，但每次孙叔敖都坚辞不受，他始终保持廉洁奉公的操守，直至去世。

　　在临终之前，孙叔敖还给庄王上奏章说："承蒙您的提拔，我这样一个田野农夫竟当上了令尹，可惜我无法报答您的知遇之恩。我有一子，但他资质太差，不配伺候大王，请让他回乡种田。"此外还说："晋国虽败，但目前仍是楚国的劲敌，不可小视；连年兴兵攻伐，百姓度日艰难，您要加以体恤爱护！"楚庄王看罢，不禁热泪盈眶，无限感慨地对人说："令尹至死不忘国家，实在难得！"

　　孙叔敖死后，他的儿子孙安谨遵父训回到了家乡。由于家中一贫如洗，他只能以种田、打柴维持生计。楚庄王最喜爱的名伶优孟听说后，将此事编成了歌谣，自己装扮成孙叔敖，演唱给楚庄王听。楚庄王深受触动，立即召见了孙安。当他见孙安衣衫褴褛，不禁泪下，问他为什么贫困到如此地步？优孟从旁答道："这正说明令尹孙叔敖是何等公而忘私啊！"楚庄王略加思忖，便"封之寝丘（在今河南固始境内）四百户，以奉其祀。后十世不绝"。

■心灵物语

　　孙叔敖官居高位却可以做到始终如一地坚守自己的原则——面对利益不动心。终生一心为国，自己的后代却贫困潦倒，对后世的教化应该是很深远的。

■史海钩沉

问鼎中原

　　自楚庄王三年（公元前611年）以来，楚国先后伐庸、麇、宋、舒、陈、郑等国，均取得了胜利。

　　公元前606年，楚庄王伐陆浑（今河南嵩县北）之戎，一直打到洛水边，在周都洛阳陈兵示威。周王派王孙满去慰劳，楚庄王借机询问周鼎的大小轻重，意欲移鼎于楚。楚庄王问鼎，大有欲取周王朝而代之的意思，结果却遭到了定王使者王孙满态度强硬的严词斥责，楚庄王只好退出周疆。

■文苑荟萃

优孟衣冠的由来

在《史记·滑稽列传》记载，有一个名叫优孟的杂戏艺人，经常以谈笑的形式旁敲侧击地劝说楚王。

楚相孙叔敖死后，他的儿子穷得过不下去日子了，优孟就穿戴上孙叔敖生前的衣冠去见楚庄王，神态也和孙叔敖一模一样。庄王以为孙叔敖复生，命他做宰相。优孟便以孙叔敖的儿子很穷为辞，并趁机对楚王进行规劝，庄王终于封了孙叔敖的儿子。

后来，人们就用"优孟衣冠"来比喻假装古人或模仿他人的人。

"一钱太守"刘宠

刘宠（生卒年不详），字祖荣，东汉时期牟平人，系齐悼惠王刘肥之孙牟平侯刘渫的后代。刘宠曾因"明经"被推荐为孝廉，出任济南郡东平陵县令，因有仁惠之政，后升任豫章、会稽太守。在会稽郡时，简除繁苛政令，禁察官吏的非法行为，政绩卓著。后被升职入京，山阴县（今浙江绍兴）有五六位须眉皆白的老人，特意从乡下远来给他送行，每人带了百文钱赠给他。他不肯接受，只是从许多铜钱中挑选了一枚收下。因此，后人称他为"一钱太守"。

有一天，天刚蒙蒙亮，会稽郡太守府前就站满了拥挤的人，上至须发斑白的老者，下至乳臭未干的儿童，个个神情肃然。原来，他们是来为会稽太守刘宠送行的。

刘宠，东汉时期的政治家。年轻时，因学问突出被推举为孝廉，后出任平陵县县令。他任县令时，公正廉洁，以仁厚为怀，深受属下和百姓的爱戴，后因母病辞官。百姓听说他要离开，纷纷前来送行，以致交通堵塞，他只好化装从小道离开县城。

此后不久，刘宠升任为会稽太守。会稽地方的百姓以前深受苛捐杂税之苦，生活贫困不堪。刘宠上任后，体察民情，减免赋税，打击豪强，使百姓得以休养生息。

如今，刘太守要离开这儿到朝中做官去了，百姓怎能舍得呢？于是他们早早地来到太守府前，为这位公正廉洁、令人尊敬的刘太守送行。

当衣着朴素的刘宠走出府衙，人们纷纷拥上前去，大家都想多看几眼这位好太守。这时，只见远处跌跌撞撞来了几位风尘仆仆的老人，他们从偏远的山阴赶来，代表山阴的百姓为刘太守送行。只见他们每人手里都捧着一百文钱，坚决要送给刘宠。刘宠见他们满脸汗水、满身尘土的样子，非常感动，忙上前握住老人们的手颤声说："路远难行，老人家又何苦如此呢？"

"我们从小生活在山沟里，从前只知道太守经常派官差到民间催粮要款，拉夫抓丁，害得我们整天提心吊胆。自从您来了以后，百姓再看不到凶恶的官吏了。我们活到这么大年纪，遇上了您这样清廉贤明的太守，真是太好啊！山阴的百姓听说您要走了，都非常难过，特意推举我们几个来表表心意，刘大人，您可一定要把这钱收下啊！"刘宠感动地说："诸位父老，我做得还不够啊！钱，你们一定要带回去，心意我领了。"

一方坚决要送，一方坚辞不收，几百文钱在他们手中推来让去。老人们着急了，说："刘大人，您如果不收下这钱，那就是看不起我们山阴的百姓，我们回去也没法交差啊！"

无奈，刘宠只好从他们带来的铜钱中捡了一枚，对老人们说："这样吧，我收下这枚铜钱，作个纪念。我永远忘不了父老乡亲们的深情厚谊，老人家，你们请回吧！"

事已至此，老人们只好含泪告辞，在场的人无不为之感动。从此，刘宠便得了个"一钱太守"的美名。

后来，刘宠官至丞相，仍清廉自律，赢得了百姓的由衷爱戴。

■心灵物语

群众的眼睛是雪亮的，群众的心也是透明的。刘宠清廉自律，为民办实事，老百姓当然感激不尽。刘宠用自己的实际行动诠释了一个重视个人修养的人应该具备的素质。

■史海钩沉

孝廉的由来

在古代，孝廉是指孝顺父母、办事廉正的意思，是汉武帝时期设立的察举考试的一个科目。而且孝廉也是察举制常科中最主要、最重要的科目。

汉武帝在位期间，采纳了董仲舒的建议，于元光元年（公元前134）下诏郡国每年察举孝者、廉者各一人。不久，这种察举便被统称为举孝廉，并成为汉代察举制中最为重要的岁举科目。与此同时，它也成为汉代政府官员的重要来源。

■文苑荟萃

赞刘宠诗

清初，监察御史、翰林院庶吉士、邑人杨维乔在莒岛刘宠墓前题诗。

居官莫道一钱轻，尽是苍生血作成。

向使特来抛海底，莒波赢得有清名。

张奂廉洁感动羌人

> 张奂（104—181年），字然明，东汉时敦煌郡渊泉县（今甘肃省瓜州县）人，东汉大将。他少年时就胸怀大志，后来成为将帅，果然屡立战功，名扬边疆。

汉桓帝永寿元年（155），张奂由拜议郎升为安定属国都尉。刚上任，南匈奴的左薁鞬台耆、且渠伯德就率领7000多人侵犯美稷县；境内的东羌得知消息后也全族行动，准备配合南匈奴作乱。而张奂手下只有200余名兵将，形势非常紧张。但张奂接到探报后立即带兵出营，准备迎敌。这时，手下的军吏们认为力量悬殊难以御敌，于是有些人就拦住，极力劝阻张奂出兵。张奂不为所动，于是领兵驻扎到长城边，并聚集境内的兵士，同时派将官王卫前往东羌进行劝说，让他们不要轻举妄动。

张奂的人马据守龟兹县城，截断了南匈奴与东羌的联系。东羌各部首领看到张奂不但信任他们，而且能帮助他们解除南匈奴的威胁，便纷纷与张奂积极配合，共同抗击南匈奴的薁鞬等部，并连战告捷。南匈奴的且渠伯德见大势不妙，异常惶恐，便带着部众向张奂投降，从此安定郡得以安宁。

东羌各部首领为了感谢张奂的恩德，献上骏马20匹；羌人的另一分支先零部落的酋长又送来金镱八只。张奂都接受了，接着就召集官吏们

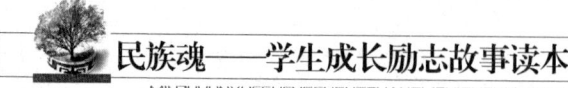
来，当着羌人诸首领的面，以酒祭地说："让这些骏马像羊一样，不要把它们拴进我的马房；让这些金银器皿像粮食一样，不要让它们进入我的腰包。"

说完，他就将这些礼物全部还给了羌人。

羌人很看重清廉的官吏，以前的都尉都很贪财，经常敲诈他们，使他们吃尽了苦头，怨声载道。现在看到张奂这样的公正廉洁，他们都心悦诚服了。

■心灵物语

"公生威，廉生明"，这是精神武器的力量，也是做人做事的原则。中华民族从来都看重公正廉明的品格，尊重公正廉明的人。

■史海钩沉

历史上的羌人

在中国的历史上，由于时代和地域的不同，羌人又被称为"姜""羌""氐羌""羌戎""西羌"等。

羌人曾是古东方的一个大族，形成于青藏高原地区。"姜""姜姓"部落集团是羌人的一个分支，也是古中原的地区最为著名的民族共同体之一，从传说时代的"三皇五帝"至春秋战国，"姜姓"族群在中原政治、经济等领域始终占有重要的地位，是"华夏族"的重要组成部分。

《后汉书·西羌传》中记载："西羌之本……姜姓之别也"这说明"姜姓"族群是西羌的一种。事实上，"姜"与"羌"本为一字，因姓氏称之"姜"，为族名称之"羌"，以羊为图腾（早先以畜牧业为主）。

 # 王安石廉洁奉公

> 王安石（1021—1086年），字介甫，号半山，汉族，临川（今江西抚州）人，北宋杰出的政治家、思想家、文学家、改革家，唐宋八大家之一。有《王临川集》《临川集拾遗》等存世。官至宰相，主张改革变法。诗作《元日》《梅花》等最为著名。

王安石为政清廉，从不收取任何人的馈赠。

有一次，王安石一手提拔起来的地方官薛向听说他患有严重的气喘病，紫团参对这种病有显著疗效，而自己任职的地方又盛产此参，所以，特地在进京述职时给他带来了几两紫团参。但是，王安石说什么也不要。这时，有好心人劝他："荆公，您治病非用此药不可，还是不要辜负薛大人的好意吧！"王安石却幽默地说："我平生没有紫团参，不是也活到了今天吗？请你们不要再为此操心了！"

王安石生来脸黑。他的属下吕惠卿等人多方打听，得到了一个偏方：用澡豆洗脸，可以使脸变白。于是，又到处张罗，弄到了一些澡豆。他们满以为王安石会高兴地收下，不料，他却诙谐地拒绝道："我的皮肤是天生的，用澡豆洗脸又有何用！"

熙宁九年（1076），王安石第二次出任宰相时，见变法派内部分裂严重。尤其是神宗立场动摇，加上自己体弱多病，儿子王雱又英年早逝，

遂力请解除相职，神宗批准了他的请求，将他降为镇南军节度使、同平章事、判江宁府。

当王安石离京而去江宁时，为了不给地方官和百姓添麻烦，决定微服而行。他租了一只小船，顺流而下。开船之前，还一再嘱咐："我虽是前任宰相，但现已挂冠而归。若沿途有人问及我的姓名、官职，切莫对他们说实话！"

王安石临终之前，仍对其夫人吴氏说："我死，不须挂念。只是散尽家财，广修善事罢了。"言罢，就不再说话了，不多时，便停止了呼吸。

王安石死后，朝廷追赠他为太傅。后来，又赐谥号为"文"，配享神宗庙庭。崇宁三年（1104），又配享文宣王庙，所居地位仅次于颜回和孟子。

■心灵物语

"先天下之忧而忧，后天下之乐而乐。"王安石一生致力于变法图强，用其高尚的廉洁品格谱写着一曲壮丽的人生凯歌。

■史海钩沉

王安石变法中的方田均税法

熙宁四年（1071）八月，由司农寺制定《方田均税条约》，分"方田"与"均税"两个部分。其中，"方田"是每年九月由县长举办土地丈量，按土墧肥瘠定为五等；"均税"是以"方田"丈量的结果为依据，制定税数。

方田均税法找出了豪强地主隐瞒的土地，增加了国家的财政收入，也减轻了农民负担。同时，也严重地损害了大官僚、大地主的利益，因而遭到了他们的强烈反对。

耶律楚材拒受白银

耶律楚材（1190—1244年），字晋卿，生于燕京（今北京），契丹族。他的父亲耶律履，是金代著名学者，曾在金世宗完颜雍大定年间担任宰相。

耶律楚材为政清廉，处处以国事为重。早在成吉思汗二十二年（1227）夏，他伴驾攻下西夏军事重镇灵州时，蒙军众将士无不争先恐后地抢掠妇女和金玉珠宝，唯有他一个人忙着四处收集遗散的书籍、账册以及珍贵药材。他认为，书籍、账册为治国所必需，而药材则可医治将士的疾病。果然，灵州之战结束不久，军中闹起了流行病，多亏他收集的药方、药材，才使上万名官兵转危为安。

窝阔台在位期间，耶律楚材一直担任首辅，一些蒙古贵族见他位尊权重，都很妒忌他。一位名叫威得卜的人就怂恿一名宗王道："耶律中书令率用亲旧，必有二心，宜奏杀之。"接着，这位宗王便将威得卜的话转告给了窝阔台。窝阔台经过了解，确定为诬告，即命耶律楚材前去捉拿威得卜。不料，耶律楚材竟表示："此人倨傲，故易招谤。今将有事南方，他日治之未晚也。"窝阔台颇受感动，私下对侍臣说："楚材不较私仇，汝曹当效之。"

耶律楚材经常将朝廷给他的俸禄分给自己的亲族，却从来不私自为亲旧加官晋级。他说："睦亲之义，但当资以金帛。若使从政而违法，我不能徇私恩。"

窝阔台去世后，大臣奥都剌合蛮把持朝政。一些大臣纷纷归附奥都剌合蛮，唯独耶律楚材不加理会。奥都剌合蛮担心耶律楚材跟自己过不去，悄悄贿赂他白银5万两被他拒绝，这使奥都剌合蛮对他怀恨在心。

耶律楚材病逝后，奥都剌合蛮等人马上跳出来诬陷他，说他"在相位日久，天下贡赋，半入其家"。乃马真后命近臣检视其家，结果只发现阮琴十多张，一些古今书画、金石，再就是遗文数千卷，并没有其他财物。于是，更多人"叹服其廉"。

■心灵物语

治国唯有廉正才可服众。耶律楚材一心为民，公正廉洁，值得后人学习。

■史海钩沉

窝阔台改革官制

成吉思汗统治时期，中央官制比较简单。后来，随着统治区域的扩大和政务的繁多，在逐步接受周围政权先进管理的基础上，窝阔台开始对官制进行改革。

1229年，窝阔台设立课税所。1231年，又设立中书省，任命耶律楚材为中书令，粘合重山为左丞相，镇海为右丞相。

在窝阔台统治时期，中书省的权力虽然不能与隋、唐、宋三朝的中书省相提并论，但与之后忽必烈建立元朝后的中书省有所不同，它标志着蒙古政权的最高行政机构已从内廷初步分离出来，标志着军政合一制开始发生分化。

道同为廉不惧权贵

道同（？—1380年），河间（今属河北）人，先辈为蒙古族，事母至孝。洪武三年（1370），因才干出色被推荐为太常寺赞礼郎，后出知番禺（今属广东）令。番禺为烦剧之县，而军卫尤横，佐使动遇答辱，前知县率不能堪。道同为人刚正不阿，民赖以安。后因屡忤永嘉侯朱亮祖，被诛。

　　明太祖朱元璋当政时，有个叫道同的人在番禺（现在的广州）做县令。由于他不畏强权，敢于为民作主，严惩各种不法行为，深受百姓的爱戴。当时，番禺被官场上的人称为"烦剧"，意思是很难治理的地方。土豪劣绅气焰嚣张，地方恶势力专横跋扈，就连州县衙门中的官吏也时常受这些人欺侮。所以，人们都不愿在"烦剧"为官。

　　道同做了番禺的知县后，从不畏惧那帮豪强恶霸。当地有一伙地头蛇，长期以来凭借暴力强行低价购买民间的各种珠宝玉器，然后到外地高价出售，从中牟取暴利。凡是对他们不满或稍加抵制者，便会受到各种陷害，轻则破财入狱，重则家破人亡。道同一上任，就收到许多告这伙强贼的状子，经多方调查，证据确凿。于是，道同就派人把这伙土豪恶霸的头子捉拿归案，在县城最热闹的地方游街示众。一时间大快人心，狠狠打击了那伙坏人的气焰。

　　正在此时，永嘉侯朱亮祖被朝廷派到广东驻节番禺，那些土豪恶霸暗地里用大量的金银珠宝贿赂朱亮祖，请他出面为被抓的贼首开脱。朱亮祖收了财物，便在自己府中摆下盛宴，请道同来喝酒。

　　酒过三巡，朱亮祖用轻松的口吻说："你抓的那几个人，不过是些守法商人，想多挣几个钱，有时做事不够检点，已经处罚了他们，就释放了吧。"

道同向朱亮祖拱了拱手，十分严肃地说："大人有所不知，这些人强买强卖，扰乱市场，长期为非作歹，不可轻饶。大人是朝廷重臣，怎能受这些小人驱使？此事不能这么轻易了结。"

朱亮祖没料到一个小小的知县，竟敢不给自己面子，还当面指责自己，顿时面沉如水，撤了酒席，把道同赶了出去。随后，他便指使打手冲到县衙，打伤看守，砸开牢狱，放走了贼首。然后，他又找个借口把道同抓来，狠狠打了一顿，他想，这回我看你道同老不老实，还敢不敢顶撞我这个朝廷大员？

看到道同受欺侮，土豪恶霸们更来劲儿了，心想这回有朱亮祖为他们撑腰，可以明目张胆地欺压百姓、为所欲为了。于是他们争先贿赂朱亮祖，想背靠大树好乘凉。朱亮祖的两个大舅子更是胆大包天，到处欺男霸女，扬言谁不服，就把谁满族灭门。但是，道同偏偏不怕这伙儿坏蛋，派人把那两个恶棍抓了起来。朱亮祖一听说此事，顿时勃然大怒，公开派打手冲进县监狱，抢走了在押的罪犯。

面对目无法纪、人多势众、气焰嚣张的朱亮祖，道同抑制不住满腔怨愤，连夜奋笔疾书，历数朱亮祖的种种恶行，上奏朝廷。然而，狡诈的朱亮祖已经料到道同会走这步棋，便恶人先告状，提前写了一封奏章，连夜送往朝廷。他在奏章中捏造罪行，诬陷道同在番禺独霸一方，妄自尊大，根本不把朝廷放在眼里，还常常出言不逊，诽谤皇上，辱骂公侯，欺侮乡绅……明太祖朱元璋看到朱亮祖的奏章，信以为真，顿时龙颜大怒，立即派专使去番禺处死道同。

两天以后，朱元璋又收到了道同的奏章。他看完这封有理有据、义正词严的控诉书，大为震惊，明白自己上了朱亮祖的当，很可能误杀忠良。朱元璋非常欣赏道同的胆量和刚直，他想，一个小小的知县敢于不畏权势向自己揭发一个封疆大吏的恶行罪状，气节可嘉，操行可敬。于是，他连忙派专使星夜兼程，追回前诏，赦免道同。

后派的专使奉命拼命赶往番禺，但还是晚到了几个时辰。等他们汗流满面赶到县衙时，道同刚刚被处死。朱元璋得到禀告后，十分后悔，更加痛恨朱亮祖的丑行，不久就把他召回南京，查清了他在驻节番禺时的罪行，将他用鞭刑处死。

　　道同刚正不阿，冤屈而死，番禺人民十分怀念他。许多人把他的塑像供在家中，作为避邪除恶的神灵来祭拜。

■心灵物语

　　不要金钱要正义，不要苟安要清廉。有时候坚持原则也需要代价，道同的代价又是何其惨烈。但是，番禺人民永远不会忘记他。

■史海钩沉

朱元璋执政

　　明洪武元年（1368年），朱元璋在南京称帝，国号大明，年号洪武。

　　朱元璋推翻了蒙元的残暴统治，建立了全国统一的封建政权——明朝。朱元璋在位共31年，在这期间，为了缓和尖锐、复杂的阶级矛盾、民族矛盾和统治阶级内部各集团之间的矛盾，他实行了抗击外侵、革新政治、发展生产、安定民生等一系列有利于社会进步的政策，在政治、经济、军事、思想等方面大力地加强君主专制的中央集权统治。

■文苑荟萃

明孝陵

　　明孝陵为明代开国皇帝朱元璋与皇后马氏的合葬陵墓。由于皇后死后谥为"孝慈"，故名为孝陵。

　　孝陵坐落在南京市东郊紫金山南麓独龙阜玩珠峰下，茅山西侧，东毗中山陵，南临梅花山，是南京最大的帝王陵墓，也是中国古代最大的帝王陵寝之一。

　　2003年，联合国教科文组织世界遗产委员会第27届会议于2003年7月3日决定，将明孝陵入选为世界文化遗产。其周边的常遇春墓、仇成墓、吴良墓、吴桢墓及李文忠墓等五座功臣墓，也同时被列入世界遗产的保护范围。

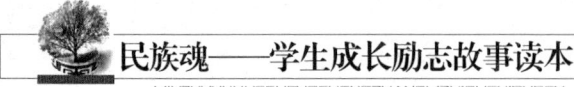
陈寿为官"三不喜"

> 陈寿(1440—1522年),于成化八年(1472)中进士,授官户部给事中,从此登上仕途。曾先后担任左金都御史、延绥巡抚、陕西巡抚、南京兵部侍郎、刑部尚书等。为官40年,始终清正刚直,深受世人的敬佩。

陈寿一生所遵循的信条,是为官"三不喜":一不喜随意弹劾官吏;二不喜为子弟亲友争功或牟取私利;三不喜金钱财物。

在陈寿最初担任给事中期间,虽然给事中是言官,纠劾百官是其本职工作,但他很少弹劾别人。有人不解,他解释道:"我的父亲曾多次警告我不要作刑官,因为刑官容易冤枉人;而言官若是冤枉起人来,就更厉害了。所以,我不敢轻易上疏。"

话虽这么说,但陈寿论及时弊毫无隐讳。即便涉及当朝权贵,也决不留情。

有一次,陈寿奉命巡视宣化、大同边防,发现派驻那儿的镇守太监狐假虎威,克扣军饷,中饱私囊。将士们对他恨之入骨,却又无可奈何。陈寿弄清原委后,毅然上疏,将那太监弹劾罢免。

当时的宪宗皇帝朱见深迷信求仙,贪恋酒色。掌权大太监梁芳投其所好,就推荐了一位名叫继晓的僧人,专门为朱见深炼丹。朱见深对继晓非常宠信,竟不惜耗费白银数十万两为他修建了一座寺院,供他尽情享乐。陈寿忍无可忍，遂会同刑部员外郎林俊、吏部给事中李俊一起上疏，弹劾梁芳和继晓。不料，昏君鬼迷心窍，陈寿被下诏入狱。

出狱后，陈寿基于朱见深在万贵妃的挑唆下而废黜了贤惠的吴皇后，万贵妃的兄弟也更加专横跋扈，欺压百姓，又上疏弹劾这些红极一时的皇亲国戚。结果，昏君大怒，再一次把他打入了大牢。

数年后，陈寿出狱并官复原职。这时，镇守陕西的太监廖堂正为非作歹。由于廖堂暴虐成性，朝廷派去的官吏都不敢得罪他。吏部尚书杨一清认为，只有像陈寿这样刚正廉洁的官员才能制服他，便奏陈寿为钦差大臣前去陕西巡查。

陈寿一到陕西，几日内便查出了廖堂搜刮民财数万金的特大案件。他一面将这笔不义之财留作赈灾款，一面下令追捕廖堂的帮凶和爪牙，随后奏明朝廷将廖堂押回京城受审。

所以，陈寿不喜随意弹劾官吏，决不包括那些贪赃枉法之流。

陈寿83岁时被任命为一品尚书，为六部之首。但他自感年老体衰，很快便请辞退休了。

退休后，陈寿由于贫困而无家可归，只好寄身南京，住在一位朋友借给他的两间年久失修的房子中。他的老友杨一清为此感慨万千，说他"廉名为尤著，居常布素如寒士。老无所于归，诸子旅寓漂泊，环堵萧然"。

陈寿死后，家中无钱装殓，多亏昔日的同事、尚书李充嗣和府尹寇天舒等人共同出钱，才为他举办了丧事，将其尸骨临时埋在了南京郊外。

数年后，陈寿的亲友不忍心让他的遗骨葬在异地他乡，一起凑了笔钱，将他移葬到新淦老家。

■心灵物语

陈寿生前也算高官厚禄，去世后却连丧葬钱都没有，其廉洁程度可见一斑。陈寿的为人和品德在政治腐败的明成化年间，尤显可贵。

■史海钩沉

刑部尚书

刑部尚书是中国古代官署刑部的主官。这一官职最早出现于隋朝，明、清两代沿袭此制。

在清朝时，由于统治者都是来自山海关外的满族人，所以为了维护满族的统治地位，清初各部主官均为满人。

顺治五年（1648），顺治皇帝在六部改设两位主官，满汉各一。刑部也首次迎来两位尚书，称"刑部满尚书"和"刑部汉尚书"。在名义上，二者在行使职权时不分级别高低，完全平等，但由于当时满人在整个社会处于统治地位，所以部内的权力基本上也掌握在满尚书的手中。

清光绪三十二年（1906），清政府宣布"仿行宪政"，改刑部为法部，刑部尚书之职从此也正式从中国历史上消失了。

■文苑荟萃

明茂陵

明茂陵位于明十三陵明裕陵右侧的聚宝山下，为明朝第八位皇帝明宪宗朱见深和王氏、纪氏、邵氏三位皇后的合葬陵寝。

清乾隆五十至五十二年（1785—1787），茂陵曾得到修缮。其修缮情况，除祾恩门连同台基一同缩建外，均同裕陵。至清朝末年，祾恩门因年久失修已经倒塌，民国年间祾恩殿本已残坏，后又被拆毁，其现状与裕陵基本相同。

刘麟管钱不贪钱

> 刘麟（1475—1561年），字元瑞，号南坦，饶州（今江西鄱阳）人。弘治九年（1496）进士，嘉靖七年为工部尚书致仕。好楼居，力不能营，索文征明绘神楼图，字之曰高明所，集古诗十六题以自况。书法宗羲、献。醇古简足，可砭今人好古作异之病。卒年87岁。

刘麟在明孝宗弘治九年（1496）考中进士，授以刑部主事，升员外郎。上任后，他审理京城辖区内的囚徒，平反了390多人的冤案。到明武宗正德元年（1506），他又晋升为郎中，调离京城任绍兴知府。当时正是宦官刘瑾专政的时期，朝中官吏大都对刘瑾奉迎拍马，争送厚礼，偏偏刘麟不登刘瑾的门，刘瑾因此怀恨在心。所以只隔了五个月，刘瑾就以刘麟平反过390多名囚犯为罪名，将他罢官为民。

刘麟离开绍兴府时，当地士民凑了一些金银送给他，他谢绝不受。当地百姓便修建了"小刘祠"以纪念他。刘瑾被杀后，朝廷又起用刘麟为陕西左参政，督办军粮。都御史邓璋督率军队，提出要以加重征收百姓赋税来充实军饷，对此刘麟竭力反对，使邓璋的提议未能施行。不久，刘麟被调任云南按察使，他称病辞官归家。

明世宗嘉靖元年（1522），刘麟被召回朝中，拜为太仆卿；后又被授以右副都御史，巡抚保定六府，最后拜为工部尚书。

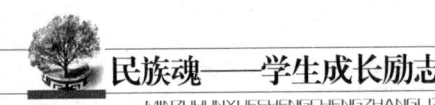
刘麟品格高洁，为官清正。他任工部尚书时，掌管着全国的工程、营造、屯田、水利等大权。对于每一项工程的费用他都精打细算，为国家节省了不少开支。他从来没有私自动用过公家一文钱，也没有利用职权给自己谋过利。他离官居家后生活十分清贫，自己连一间住房也没有。后来地方官看不过眼，给他盖了几间房。到了晚年，他很想有一间小楼读书作诗，可是家中根本无力负担。于是，他把一个大竹轿吊在屋梁上，自己屈着腿睡在竹轿中，以此作为"楼房"，躺在里面读书赋诗，并给这竹轿取名为"神楼"。当时著名画家文征明得知此事后，画了一幅《神楼图》送给他。

■心灵物语

位高权重却廉不妄取，居简陋屋舍而怡然自得，刘麟廉洁的高尚品格令人敬佩。

■史海钩沉

工部尚书

工部尚书是古代的官职名，是掌管着全国的屯田、水利、土木、工程、交通运输、官办工业等的大臣。明代正二品，清代从一品。

工部尚书的职位相当于现在主管工业与信息化部、农业农村部、水利部、住房和城乡建设部、交通运输部等的国务院副总理。史料记载，从唐朝开始，中国开始实行三省六部制，到宋朝改为一省六部制，最后到明清时期直接为六部，即吏、户、礼、兵、刑、工。

 # 李卫从不妄取

> 李卫（1688—1738年），江苏丰县（今徐州）人。康熙朝捐资员外郎，雍正朝署刑部尚书，授直隶总督。李卫同鄂尔泰、田文镜均系雍正帝心腹。

随着电视连续剧《李卫当官》的一再重播，李卫的大名也随之传遍了神州大地。

在历史上，也确有李卫其人。据《清史稿》记载，他生于1688年，死于1738年，字又玠，江苏丰县（今徐州市）人。虽然电视剧中的许多情节均系虚构，但他"不甚识字""粗率狂纵"及其整顿盐务、除暴安民等事迹，却与史实大致相符。雍正皇帝十分宠信他，并将他和鄂尔泰、田文镜一起树为地方督抚之楷模。

李卫于康熙五十六年（1717）以捐纳入仕，为兵部员外郎。两年后，调任户部郎中。雍正帝登基不久，任命他为云南驿盐道。随后，又相继提升他为布政使、巡抚和总督。

李卫一向勤政廉政。有一次，他为了办理一件要案，乔装私访，徒步奔波，一连数日废寝忘食，终因劳累过度而吐血。此事传到朝廷，雍正帝竟专门派人前去慰问，并劝他"量力而为，不可勉强"。

雍正七年（1729）八月，李卫的母亲病故。为尽孝道，他遵照当时的惯例离任还乡。然而，他仍念念不忘曾管辖过的浙江，曾在一日之内

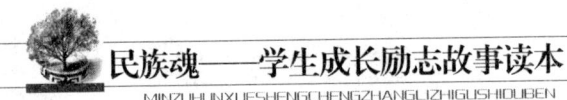
连上5道奏折，对那里清理养廉银、捕捉盐枭及修筑海塘等事提出自己的意见和建议。对此，雍正帝也非常感动，当即在他的奏折上批示："卿之体国忠诚，自蒙上天，圣祖照鉴也，勉之。"

有人计算过，在今人刊行的《朱批谕旨》一书中，共收录雍正时期222位文官武将的奏折，其中，李卫的约占1/15。基于李卫非科举出身，且"不甚识字"，其奏折显然是靠人代笔。但是，这毕竟需要他口述，并最终经他本人认可。

历史上的李卫曾接受过他人的馈赠，但大多出自他的亲朋好友，而且都表达出对他的敬重，没有任何"拉关系""走后门"的意图。相反，对那些行贿者，他不但不收礼，而且严加斥责并予以惩处。此外，李卫身为封疆大吏，掌管的财物成千上万，他从不侵占分文。所以，雍正帝还赞扬他"操守廉洁"。

■心灵物语

不识字，自己的奏折数量却"名列前茅"，说明李卫很敬业；接受馈赠，但不接收行贿，则表明李卫从不妄取。一个堂堂的封疆大吏，手下掌管钱财无数，却未侵吞分文，这着实令人钦佩。

■史海钩沉

迁海令

迁海令又名迁界令，是清政府为对付明朝遗臣郑成功在台湾的郑氏王朝，以断绝大陆沿海居民对其接济而颁发的命令。

史料记载，康熙元年（1662），由辅政大臣鳌拜下令，从山东省至广东省沿海的所有居民都内迁50里，并将该处的房屋全部焚毁，且不准沿海居民出海。该命令的实施，使华东至华南沿海地区的渔业和盐业废置、田园荒芜，沿海居民流离失所，深受迁海之苦。当时不少地方官员，包括广东

巡抚王来任、广东总督周有德等人，都极力请求复界。

康熙八年（1669），由于朝廷认为措施已收到成效，加上不想再继续影响沿海地区的民生，最终允许复界。

■文苑荟萃

李卫墓

李卫墓位于江苏省丰县大沙河镇政府驻地的东北隅，墓基邻近李家祠堂。祠堂曾于1851年8月19日黄河决口时被冲毁。墓的西南和东南不远处分别有宫保府及大观楼，宫保府与大观楼于20世纪90年代中期修建恢复。

1972年2月5日，大沙河果园的民兵挖掘出了李卫夫妇墓，并在地面下3米处发现三具棺木，其中一具已腐烂，而且内无一物；另一具外有套棺，打开套棺，两侧有小孩的骨骼，棺上有棺衣，书"皇清诰命一品夫人"。死者头戴凤冠，腰围玉带，插金簪一对，颈戴项链，手带金镯。第三具打开套棺后，棺衣上书"光禄大夫太子少保兵部尚书直隶总督"，棺内有金质帽顶一个，金镯一对。凤冠为金质，有"奉天诰命"四字，有两龙十五凤，嵌玉石多块，重一千克。金镯重350余克，玉带由20多块玉组成并嵌金边。

后来，出土文物均上交江苏省博物馆保存。

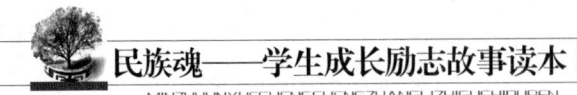
林则徐治贪出文"五不准"

> 林则徐（1785—1850年），汉族，福建侯官县（今福建福州）人，字元抚，又字少穆、石麟，晚号俟村老人、俟村退叟、七十二峰退叟、瓶泉居士、栎社散人等。清朝后期政治家、思想家和诗人，是中华民族抵御外侮过程中伟大的民族英雄，其主要功绩是虎门销烟。官至一品，曾任江苏巡抚、两广总督、湖广总督、陕甘总督和云贵总督，两次受命为钦差大臣。因其主张严禁鸦片、抵抗西方的侵略、坚持维护中国主权和民族利益而深受全世界中国人的敬仰。

1839年1月8日，受命为钦差大臣的林则徐怀着赴汤蹈火在所不辞的决心和气魄，离开京城南下查禁鸦片。此行将取道河北、山东、安徽、江苏等地，前往广州。消息传出后，沿途州府官员都想趁招待"钦差"之机大捞一把。

一天，夜已经很深了，可是林则徐躺在床上怎么也睡不着。他回想出发十几天来沿途官员打着迎接"钦差"的旗号鱼肉百姓、从中牟利的情景，忧心忡忡。他披衣下床，来到院中，望着天上那孤零零的一弯清月，不禁思绪万千：如今朝中上下，腐败之风甚嚣尘上。此番赴任，尽管自己轻装简从，沿途还是高接远迎，大摆酒筵，当地百姓不堪重负，怨声载道。此种逢迎、奢靡、贪污之风非狠刹不可！

想到此，林则徐急忙回到房中，拿起毛笔，饱蘸浓墨，在雪白的宣纸上挥洒起来。不一会儿工夫，一篇公文拟成了，林则徐那紧锁的眉宇也渐渐舒展开来。只见文书上赫然写着五个"不准"。

一、不准大办酒席；

二、不准馈赠任何礼品；

三、不准惊动百姓；

四、不准送钱给随行人员；

五、不准安排华丽的住房。

这就是林则徐在赴广州途中拟就的"五不准"文书，明令各地官员务必照办，如有违反，定当查究严惩。

林则徐的"五不准"次日便由专人发出传牌，一直传到广州。沿途官员对林大人的清正廉明、执法如山早有所闻，因此更不敢当儿戏。钦差所到州府都能严格按章办事，百姓无不拍手称道。

偏巧有一个昏庸的县令自以为是，在接到"五不准"的通告后，认为林则徐清廉是假，暗示地方上行贿是真，于是自作聪明地忙活开了。

他调来民工把林则徐进城必经之道的路面统统拓宽垫平，还将一座花园整修一新；又准备了大量的礼物，专等钦差一到，就杀猪宰羊，喜迎贵宾。愚蠢的县令为了巴结这位钦差大人，绞尽脑汁，把个小小的县城搞得鸡犬不宁。

这里发生的一切，早被林则徐派出的私访人员了解得一清二楚，并迅速上报林则徐。

林则徐听了之后，异常震怒，当即决定绕道而行，同时派人到昏官所属的州府，命令主管官员一定要对此人严办。

一天天过去了，这个昏官望眼欲穿。这天得知州里来了一队人马，昏官以为钦差到了，喜出望外，连忙奔出县衙迎接。还没走到县衙门口，就被迎面而来的衙役拿下。昏官如坠云里雾中，他怎么也没想到，自己煞费苦心，却落了个撤职查办的下场。到了这时，昏庸的县官才真正搞清林则徐是个什么样的官员。

□心灵物语

为官清正廉洁是为官者的本分，但往往被误解。林则徐发布的"五不准"，有力地削弱了那些贪官的嚣张气焰，整肃了官场的不正之风。

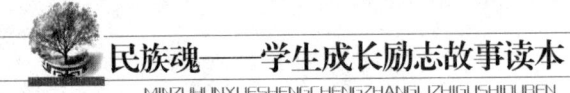
■史海钩沉

林则徐的少年时期

林则徐出生在福建省侯官鼓东街（今福州市鼓楼区中山路）一个下层的封建知识分子家庭。父亲林宾日以教读、讲学为生。由于仅靠父亲教私塾的微薄收入无法维持生活，所以母亲也经常用手工劳动来分担家庭的困难。

在科举时代，林则徐的父母本来是指望自己的儿子能在仕宦之途发达上升的。林则徐从小就聪明乖巧，4岁时便由父亲"怀之入塾，抱之膝上"，口授四书五经。在父亲的精心培育下，林则徐很早就读了儒家经传。嘉庆三年（1798），14岁的林则徐中秀才后，便到福建著名的鳌峰书院读书，受教于具有实学的郑光策和陈寿祺。在父亲和亲友的影响下，林则徐也开始注意经世致用之学。嘉庆九年（1804），20岁的林则徐考中了举人。父亲的谆谆教导使林则徐的学业取得了惊人的成就。但此后由于家境窘困，他只好外出当塾师。

嘉庆十一年（1806）秋，林则徐应房永清之聘，到厦门任海防同知书记。这里的鸦片烟毒引起了他的注意。同年，林则徐受新任福建巡抚张师诚的赏识，被招入幕府。在张幕中，他获知了不少清朝的掌故和兵、刑、礼、乐等知识以及官场经验，这为他日后的"入仕"提供了必要的条件。

■文苑荟萃

赴戍登程口占示家人

（清）林则徐

力微任重久神疲，再竭衰庸定不支。

苟利国家生死以，岂因祸福避趋之。

谪居正是君恩厚，养拙刚于戍卒宜。

戏与山妻谈故事，试吟断送老头皮。

第二篇
理政廉明不腐

裴侠清慎奉公

> 裴侠（？—559年），字嵩和，是南北朝时期河东郡解县（今属山西省）人。北魏时期曾担任过义阳太守、东郡太守；西魏时期因功晋爵为侯，后来出任河北郡守。

　　裴侠在河北郡守任上，勤理政务，爱民如子。他生活俭朴，虽身为堂堂太守，平日的饮食也不过是大豆、麦面和咸菜而已。百姓很敬佩他的为官清廉。

　　河北郡原来有个规定：有30名渔夫、猎户专为太守提供鱼类和兽肉；另有30名杂役供太守使用。裴侠到任后废除了这项规定。他说："为了追求吃喝而役使那么多人，这是我不愿做的。"裴侠将那30名渔夫、猎户全部打发回家；而那30名杂役也不用，只让他们交一点儿代替力役的赋税后也各自回家谋生。他指示府吏将这些赋税钱积攒起来为官府买马，时间长了，买的马匹成群。裴侠离任时，没带走官府一样东西。百姓歌颂他说：

> 肥鲜不食，丁庸不取，
>
> 裴公贞惠，为世规矩。

　　裴侠为官清廉的事迹传到京城后，北周文帝很看重他。有一次，裴侠与其他郡太守共同进京谒见北周文帝时，北周文帝让裴侠单独站在一边，然后对其他郡太守说："裴侠清慎奉公，为天下之最。现在你们之中有像裴侠这样的人，可以同裴侠站在一起。"众人听后都默默无语，没有一个敢应声的。于是，北周文帝重赏了裴侠。朝廷上下的人对裴侠都很佩服，尊称他为"独立使君"。

　　裴侠的从弟伯凤、世彦，当时同为丞相府佐，两人对"独立使君"这个荣誉不以为意，曾讥笑裴侠说："人生做官进取，应当名利两得。你生活如此清苦，究竟为了什么？"

　　裴侠回答道："清廉是为官者的本分，俭朴是修身的根基。活着，要为朝廷尽力；死了，要名垂青史。现在我这样平庸之人能被朝廷重用，我甘愿固守穷困，并不是为了图虚名。我的志向是提高自己的修养，生怕辱没了祖先的清名啊。我的这种做法，竟然遭到你们的讥笑，还有什么可同你们说的呢！"伯凤和世彦听了后羞惭而退。

　　北周孝闵帝即位后，加封裴侠骠骑大将军、开府仪同三司，晋爵为公。后来改任工部中大夫，主管财政。当时官府中有一些主管仓库的贪吏，监守自盗，多年来隐瞒的钱物多达千万。裴侠上任后，励精图治，发动属员们检举揭发。他手下有个掌管财物的副官李贵听到这消息后在府中悲泣。有人问他为何悲伤，他回答说："我所掌管的公物，挪用了很多，现在裴公来工部任职，他清廉有名，我怕受到责罚，因此哭泣。"裴侠听到这件事后，把李贵传来，准许他坦白自首。据李贵交代，他开支隐瞒的钱有500万。裴侠在职时，肃清遏止奸邪的事很多，大都类似这种情况。

　　北周初年，裴侠曾生病卧床不起，大司空宇文贵、小司空申徽同去探视，看到裴侠家的住房简陋得竟难以遮挡风寒，想不到身居高位数十年的勋臣，家境同普通百姓没什么差别。二人回去后向孝闵帝奏明实情。孝闵帝很钦佩裴侠的清廉，下令为他修了一处住宅，并赐给他十顷良田。

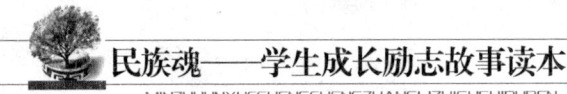

■心灵物语

"清廉是为官者的本分，俭朴是修身的根基。活着，要为朝廷尽力；死了，要名垂青史。"简单的话语却道出了一位清廉官员的拳拳报国之心，裴侠被人敬仰也在情理之中了。

■史海钩沉

屯田制

屯田制是由三国时期的曹操所建立，指利用士兵和农民来垦种荒地，以取得军队供养和税粮。

屯田制又有军屯、民屯和商屯之分。其中，商屯也称为盐屯，指盐商为了便于在边境地区纳粮换盐而办的屯垦；而民屯和军屯才是真正意义上的屯田。

李勉位高权重亦清廉

李勉（717—788年），字玄卿，唐朝宗室，曾祖李元懿为唐高祖李渊第十三子。唐代中期名臣，平叛御边皆有大功，忠于朝廷。父亲李择言，曾为汉、褒、相、岐四州刺史、安德郡公。李勉幼通经史，长大后俊雅沉稳，颇有长名，官至开封尉。当时天下承平，且汴州水陆所凑，邑居庞杂，最号难治，李勉洞察民情，为民所信服。"安史之乱"后，李勉跟随唐肃宗来到灵武，拜为监察御史，特别注意维持朝廷礼仪，深得唐肃宗的信任。唐军克复长安后，李勉升为河南少尹，担任河东节度王思礼、朔方河东都统李国贞的行军司马，后任梁州都督、山南西道观察使。

　　唐玄宗天宝末年（755）爆发了"安史之乱"，李勉跟随皇室逃出西京。第二年，唐肃宗李亨在灵武即位，李勉投奔唐肃宗，唐肃宗任命他为监察御史，不久又调为司膳员外郎。

　　一天，关东地区的官军押解来一百多名俘虏，唐肃宗下令一律处斩。当诏令宣读完后有个囚犯仰天长叹，李勉觉得奇怪，便走上前去问他为何长叹。囚犯回答说："我是被武力强迫留用的地方官，并不是叛逆者。"李勉很同情他的遭遇，便不顾抗旨受责的危险进宫向唐肃宗说明情况："叛逆的首恶还未消灭，而受其胁迫牵连的人遍及半壁江山，这些人都想洗心革面归顺朝廷。如果将他们都杀了，那就无异于驱赶天下的人去帮助逆贼了。"唐肃宗听了李勉这番话后猛然醒悟，于是立即

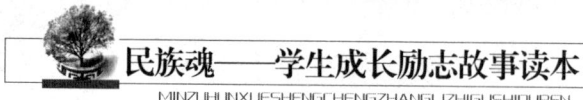
命人飞马去刑场传旨，赦免了这些俘虏。这消息传开后，那些被胁迫叛乱的人前来归顺的渐渐多起来。

唐军收复西京凤翔府之后，李勉也屡居要职，曾任河南少府、梁州都督、山南西道观察使等职。唐肃宗打算重用李勉，而当时正是宦官李辅国受宠任元帅府行军司马的时候。李辅国想让李勉先拜倒在他的门下，而李勉不买账，不肯向李辅国卑躬屈膝，并因此受到李辅国的压制，不但没有重用，还调离京城去任地方官。直到唐代宗大历二年（767）李勉进京朝见时，唐代宗才将他提升为京兆尹并兼御史大夫。

大历四年，唐代宗任命李勉为广州刺史，并兼岭南节度观察使。当时的岭南道管辖七十三州、一都护府、三百一十四县，所辖范围约相当于现在的两广地区；观察使的职位仅次于节度使，而当时岭南道无节度使，实际上李勉就是最高行政长官。

广州有很好的港口，当时亚洲中西部地区、印度半岛、欧洲东部和非洲北部的一些商船时有往来，不过每年也只有四五艘而已。李勉为官一贯廉洁，他对这些外国商船一概不刁难、不勒索，因此来广州的商船逐年增多，在他任满的那一年，竟多达40多艘。

李勉任广州刺史多年，为官清廉，生活一直很简朴。他用的车马、服装和日常生活用具，都没有增加和修饰。任期满后，李勉携家人乘船启程，没带任何地方赠送的礼物。但他对家人有点不放心，当船行到离广州城二十里的"石门"时，他命人将船停下，让家人把所有的行李打开查看，搜出他们私藏的广州土特产，以及犀角、象牙等贵重物品。他二话没说，将这些东西全部投入江中，然后扬帆启程。

一些有声望的老人听说这件事后，都很佩服，赞叹李勉可与前代的清官宋璟、卢奂、李朝隐相比。广州地方的官吏和百姓派代表到京城，请求皇帝准许在广州给李勉立一块功德碑。唐代宗同意了这一请求。

李勉虽身为皇室本家"宗臣"，后来又居宰相之位近20年，但为政简易，为官清廉。他把所得的俸禄全部分给亲戚朋友，死后家中无一点儿私蓄。这在唐室宗臣中是少见的。

■心灵物语

身为皇亲国戚，却无常规意义上的排场或"门面"；身为朝廷重臣，俸禄丰厚，死后却无半点积蓄，处理问题求根源，不殃及无辜。廉、明、正，李勉全都具备了，实在令人敬佩！

■史海钩沉

铁券的由来

铁券是中国封建时代皇帝赐给功臣、重臣的一种带有奖赏和盟约性质的凭证，并允许其世代享有优厚待遇及免死罪的一种特别证件，也被称为"免死券"。由于封建社会皇帝的权力是至高无上的，圣旨便是法律，因此，铁券也就有了特别的法律效力。

"铁券"一词最早出现在西汉时期，铁券上镌刻的内容通常包括四个方面：一是赐券的日期以及赐予对象的姓名、官爵、邑地；二是记载被赐者对朝廷的功勋业绩；三是皇帝给被赐者的特权，如免死等；四是皇帝的誓言。按照封建朝廷的有关法律，持有铁券的功臣、重臣及其后代等，都可以享受皇帝赐予的种种特权。

■文苑荟萃

忆昔（节选）

（唐）杜　甫

忆昔开元全盛日，小邑犹藏万家室。

稻米流脂粟米白，公私仓廪俱丰实。

九州道路无豺虎，远行不劳吉日出。

齐纨鲁缟车班班，男耕女桑不相失。

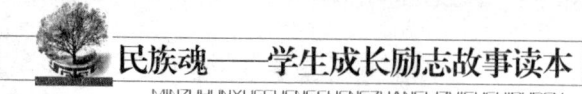

 # 卢坦劝帝退贿物

> 卢坦（748—817年），字保衡。洛阳（今属河南）人。唐大臣。曾为义成军判官，节度使李复病重，监军使薛盈珍害怕叛乱，坦为之进计。后复死，坦护丧归东都。后为寿安令。因河南尹征收赋税甚急，县民讼以织机未成，日期太短，无复上交。坦令县民织布，不欲考虑期限，后布输上，坦也因违期而受罚，自是有名。

卢坦在担任河南府尉时，杜黄裳任府尹。有一天，杜黄裳将卢坦召去，问道："有一户人家的儿子不务正业，成天与地痞流氓交往，将一份家产荡尽，何不查处他们？"卢坦回答说："凡是为官廉洁的人，虽做到朝廷大官也不会有多少财产。那些发财致富的，必然是通过盘剥百姓聚敛起来的。如果这些人的子孙善于治家守财，那是老天爷帮助了这些为富不仁者，不如听任那些富家子弟挥霍，让他们将那些不义之财耗尽。"杜黄裳听了他这番话感到很吃惊，觉得此人不凡，此后便对他另眼看待。

后来卢坦做了寿安县县令。当时河南府规定的征收赋税期限已到，而县里的百姓诉苦说，布匹还没有织完，无力交税。卢坦听后，到州府去为百姓求情，请宽限十日交齐。府尹不准。卢坦回到县里，下令说："只要抓紧纺织交齐赋税就行，不要顾虑原来的期限，违了期，不过罚我县令的俸禄罢了。"后来，虽然县民按数交齐了赋税，但因误了期限，卢坦却替百姓受了罚。他也因此事而声名远播。

卢坦在任御史中丞时，曾逼着唐宪宗拒绝贿赂。

唐代将全国行政单位分为十"道"。道原为大监察区，每道派京官一人巡察所属州县，先后称为巡察使、按察使、采访处置使、观察使，以后这些官职往往由节度使兼任。当初，各道长官卸任回京复命时，都拿出在任期内搜刮的钱财进奉皇帝。唐宪宗曾下令禁止此项进奉。而山南节度使柳晟、浙西观察使阎济美卸任返京后，照旧向皇帝进献财物。

卢坦知道后，立即对这两人进行弹劾。这时，唐宪宗却对卢坦说："他二人所奉献的都是家财，我已经赦免他们无罪，不能失信。"

卢坦上奏道："用以取信于民的，是皇上的赦令。现在这两个臣子违背诏令，皇上怎么能以取信于这两人的小信而失去取信于民这个大信呢！"

唐宪宗说："可是我已经接受了他们的财物，怎么办？"

卢坦回答道："皇上可以把这些财物交给管国库的官员，以此表明皇上之德。"

唐宪宗觉得卢坦说得有理，便接受了他的意见，退回了受贿的财物。

心灵物语

为官者善于分清善恶是非则谓"明"，为官者善于处理棘手问题而合乎律例则谓"正"。卢坦弹劾贪官，并力谏皇帝将"家财"交付于管理国库的人员，明正兼得，也可谓是廉官的表率了。

史海钩沉

牛李党争

"牛李党争"是唐朝后期统治集团内部为争权夺利而发生的宗派斗争，也称"朋党之争"。

在争斗中的"牛党"，指的以牛僧孺、李宗闵为首的官僚集团；"李党"则是指以李德裕为首的官僚集团。其中，"牛党"大多为科举出身，属于庶族地主，门第卑微，靠寒窗苦读考取进士，获得官职；而"李党"大多

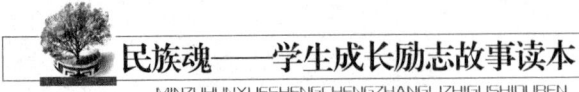

出身于世家大族，门第显赫，往往依靠父祖的高官地位而进入官场，称为"门荫"出身。

从表面上看，"牛李党争"好像是庶族官僚与士族官僚之间的争斗，其实两党在政治上也有分歧，而分歧的焦点主要有两个：一是通过何种途径来选拔官员。"牛党"多科举出身，故而主张通过科举取士；"李党"多门荫出身，因此主张通过门荫取士。二是如何对待藩镇。"李党"主张，对不服从朝廷的藩镇应该用兵，以加强唐朝中央政府的地位；而"牛党"则主张姑息迁就。

除了政治上的分歧外，两党的争斗还牵扯了很多个人的恩怨。牛僧孺、李宗闵因评论时政得罪了宰相李吉甫，曾遭到贬斥。而李德裕是李吉甫的儿子，故而双方结怨更深。

唐穆宗长庆年间，牛僧孺当上了宰相，立刻就把李德裕排挤出朝廷。李德裕在任西川节度使时，接受了吐蕃将领的投降，收复了重镇维州（今四川理县）。牛僧孺却强令李德裕将降将和城池交还给吐蕃。

唐武宗时期，李德裕做了宰相，又把牛僧孺、李宗闵放逐到南方。唐武宗死后，唐宣宗即位，"牛党"成员白敏中任宰相，"牛党"又纷纷被重新起用，"李党"则全遭罢黜。李德裕被赶到遥远的崖州（今海南三亚崖州区），不久便忧郁而死。这场统治阶级内部的宗派斗争，也加深了唐朝后期的统治危机。

■文苑荟萃

延英殿

延英殿是唐朝时期长安的大明宫殿，建于开元中期。

殿院外设有中书省、殿中内省等中枢机构。自唐代宗时起，皇帝如果有问题咨询，或者大臣有上奏时，都会在此殿召对。由于旁无侍卫、礼仪从简，故而能够人人得以尽言。后来便渐渐定期开放延英殿，成为皇帝日常接见宰臣百官、听政议事的地方。

宰相王旦一生守廉

> 王旦（957—1017年），北宋名相，字子明，大名府莘县（今属山东）人。王旦自幼好学，太平兴国五年（980）进士。淳化二年（991），任右正言、知制诰，并被封为礼部郎中、兵部郎中。至道三年（997），真宗即位，四年之中连续晋升，初为中书舍人，后为参知政事。景德二年（1005），加封为尚书左丞。次年，升为工部尚书、同中书门下平章事，成为宰相。王旦为相十余年，知人善任，任人唯贤。景德三年（1006），任工部尚书、同中书门下平章事、集贤殿大学士。天禧元年（1017）九月，王旦病逝，册封太师、尚书令、魏国公，谥"文正"。在仁宗即位后，为其立碑，并亲笔御书"全德元老之碑"。

王旦是一位德才兼备的封建官吏。他在宋太宗太平兴国五年（980）考中进士，当时22岁，到宋真宗景德二年（1005）47岁时，已官至同中书门下平章事，也就是实际上的宰相。

寇准任枢密使时，常在宋真宗面前说王旦的过失，而王旦专称赞寇准。宋真宗对王旦说："你虽然称赞寇准的美德，他却专说你的不是。"王旦奏道："这是理所当然的。臣在相位已经很久了，在处理政务时过失必定很多。寇准对皇上没有隐瞒我的过失，愈加表明他的忠直，这正是臣看重寇准的原因啊！"宋真宗因此更加觉得王旦是位贤臣。

后来，寇准被罢免枢密使的官，曾托人到王旦处说情，请王旦向宋真宗推荐他任使相，王旦听了后很惊讶地说："将相的职务，岂能随便求取？我不接受私人的请求。"寇准对王旦的态度深为不满。但是没几

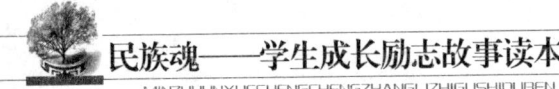
天，宋真宗竟授予寇准武胜军节度使、同中书门下平章事之职，让他作了使相。寇准入宫见宋真宗，拜谢说："要不是皇上了解臣，哪能够得到这样的重任？"宋真宗向寇准说，这是王旦荐举的。寇准这才明白过来，深感惭愧，认为自己远比不上王旦。

王旦任宰相时，府中宾客满堂，没有一个客人敢于以私事相托。而王旦在同这些宾客交往中，却很注意发现人才。他观察那些有见地及平素比较了解的人，几个月后便召见面谈，询问他们了解的各地利弊，或者让他们将知道的情况和看法写下并呈上来。他从中了解这些人的才能和专长，暗记下他们的姓名。这些人以后再来求见时，他一概不再接见。每遇到有派遣官员和授官职的机会，他就写好三四名通过平时考察的人的姓名奏上，由皇帝批点。这件事同僚们不知道，当事人也不知道。直到王旦死后，史官修《真宗实录》时，从皇宫内取出当时的奏章，才知道朝中官员有很多是王旦推荐的。

王旦官职很高，生活上却很简朴。平日穿的衣服没有文绣，料子也很一般。家里人想用织有彩色大花纹的丝织品装饰一下床铺，他也不允许。

有一次，有个卖玉带的人到王旦家门前兜售玉带，王旦的弟弟看到后认为很美，就拿进去让哥哥看。王旦让弟弟系在腰上，然后问："现在还能看到它美吗？"

弟弟回答道："系在腰上了，自己哪能看得见？"

王旦这才说："自己系了沉重的东西而只是为了让别人看后称好，岂不是自己受累吗？"

接着，他就让弟弟退还了玉带。他系的腰带只是皇帝赏赐的，从不自己购置。

王旦平日的饮食也很简单，唯一的要求是必须饭食做得卫生，否则他就不吃，也从不发脾气。

有一次，家里人故意在汤里放了一小点儿黑墨，他看见后，只吃饭不喝汤。家里人问他为什么不喝汤，他说："我今天偶尔不喜欢肉味。"后来家里人又故意把黑墨水弄到饭碗里，他便说："我今天不想吃饭，给我弄点儿粥喝吧！"

王旦贵为宰相，却没有置买田地和房屋。亲戚朋友问到时，他很坦然地说："子孙后代应当学会自立，何必留下田地房屋让他们为争夺财产做出不义的事呢？"

王旦家的住宅破旧简陋，宋真宗认为一位宰相住这样的房屋实在太委屈了，打算给他另建新的府第，王旦推辞说："这所旧屋是我的祖先曾经住过的，臣不想离开这里。"宋真宗只好作罢。

王旦在临死前，将家中子弟叫到床前，一再告诫说："我们家是有名的廉洁德行的人家，凡事应当俭朴节约，保持门风，不能办那些侈奢的事。我死后办丧事不能太讲究，千万不要把珠宝之类的东西放在我的棺材中陪葬。"

■心灵物语

生前住所简陋，死后不要金银陪葬品，一生之中始终坚守"廉洁"的门风。人各有志，但王旦的志向何其高远！他不仅留在了万千百姓的心中，也名垂万古留存的青史。

■史海钩沉

太平兴国

太平兴国（976—984年）是北宋皇帝宋太宗赵光义的一个年号，共计近八年。

宋太祖去世后，其弟赵光义即位，随后便改年号为"太平兴国"，表示要成就一番新的事业。而对于此次皇位更替中涉及的关键人物，太宗也都做了一番合理的安排。他任命其弟赵廷美为开封尹兼中书令，封齐王；赵德昭为节度使和郡王；赵德芳也被封为节度使。太祖和赵廷美的子女均称为皇子、皇女，太祖的三个女儿还封为国公主。太祖的旧部薛居正、沈伦、卢多逊、曹彬和楚昭辅等人，也都加官晋爵，他们的儿孙也因此获得官位。而一些太祖在世时曾加以处罚或想要处罚的人，太宗都予以赦免。

宰相寇准无私宅

> 寇准（961—1023年），北宋大臣，字平仲，华州下邽（今陕西渭南）人，北宋著名政治家、诗人。寇准善诗能文，七绝尤有韵味，今传《寇忠愍公诗集》三卷。

　　寇准是北宋的名臣。他参与朝廷政事，正直敢言，为宋太祖所信任。

　　有一次，宋太宗坐殿，寇准出班奏事。因直言不讳，不合宋太宗心意，惹得宋太宗心头火起，拂袖而起要回后宫；寇准没有害怕，竟拉扯宋太宗的龙袍，请他坐下，直到把事奏完并请他决定后才退下。从此后，宋太宗反而更看重、赞许寇准，曾说："我得到寇准这样一位诤臣，好比唐太宗得到了魏征。"

　　淳化二年（991）春天，天下大旱。宋太宗认为这是天降灾难，一定是天下有不平之事，便召见寇准，问国内有何不公平之事。寇准听后，想借此惩治一下那些贪官污吏，于是就对宋太宗说："希望皇上将中书省和枢密院二府长官招来，臣就说出这不公平之事。"宋太宗立即下诏传二府长官入宫。寇准见人已经到来，便奏道："近来有这样一件事，祖吉、王淮二人都犯了贪赃枉法之罪，其中祖吉受贿较少，但被处以死刑。王淮监守自盗的钱财达千万之多，因为他哥哥王沔是参政，所以只判杖责，仍然官复原职，这难道不是天下不平之事吗？"

宋太宗听后问王沔有无此事，王沔只是一个劲儿地叩头谢罪。宋太宗见是事实，十分生气，严厉地谴责王沔。通过这件事，宋太宗知道寇准是个人才，可堪大用，就任命寇准为左谏议大夫、枢密副使，接着又改授枢密院同知院事。

宋真宗即位后，寇准先后在工部、刑部、兵部任职，又为三司使。景德元年（1004），他与参知政事毕士安共同出任宰相。这年冬天，契丹军队南侵，众大臣大多惊慌失措，王钦若等大臣主张南迁，寇准排除众议，力主抵抗，请宋真宗御驾亲征。宋真宗采纳了他的建议，进驻澶州（今河南濮阳）督战，军心稳定，结果宋军射杀了辽军主帅，遂订立了"澶渊之盟"。

寇准为相时，提拔人才不论资排辈，这就使得他的同僚们很不高兴。有一次，朝廷又要授官，同僚们就指使属吏将选官依照的条例簿送到寇准那里去。寇准看到这种情形，心里明白是怎么回事，于是说："宰相的职责就是选用贤才而斥退无能之辈。若按照条例簿上的规定办事，宰相不就成了一个按章程办事的小吏了？"

寇准居宰相之位30年，官位够高了，但他只住在官府里，没有给自己营建私房。而当时朝中高官大都讲究修建豪华的住宅和别墅。所以，处士魏野给寇准的赠诗中，就用"有官居鼎鼐，无宅起楼台"的诗句来赞扬他为官清廉的品格。这几句诗一时广为传颂。

在寇准被丁谓排挤贬官至雷州（今广东雷州）时，恰逢辽国使臣到宋朝来。有一天宫内举行欢迎宴会，这位使臣将宰相、参知政事、左右丞及枢密使等执政官环视了一遍，然后对翻译说："请问，哪一位是'无宅起楼台'的相公？"可见，寇准清廉的名声传播范围之广。

心灵物语

寇准是中国历史上的名相，他为官清廉，虽位高权重，却连所私宅都没有，难怪连邻国的人都景仰他。这应该是历史给他的最高评价。

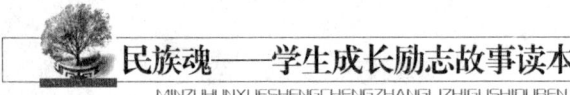
■史海钩沉

宋朝贸易

南宋时期，宋朝在与金和大理的交界处设立了榷场，以此来互通有无。宋朝向外出口药材、茶叶、棉花、犀角和象牙等，与此同时，又进口一些北珠、人参、毛皮、马匹等货物。此外，民间也有大量的走私贸易。

由于宋朝时期的铜钱信用好，被大量走私到东南亚和西亚，以至于当时的朝鲜和日本等国家都停用了自己的货币，而改用宋朝的钱币。

■文苑荟萃

踏莎行·春暮

（宋）寇　准

春色将阑，莺声渐老，红英落尽青梅小。
画堂人静雨蒙蒙，屏山半掩馀香袅。
密约沉沉，离情杳杳，菱花尘满慵将照。
倚楼无语欲销魂，长空黯淡连芳草。

赵抃清除不正之风

赵抃（1008—1084年），字阅道，衢州西安（今浙江衢州）人。景祐元年（1034）进士，任殿中侍御史，弹劾不避权势，时称"铁面御史"。赵抃曾先后任武安军节度推官，殿中侍御史，四川梓州、益州转运使，成都知府等，官至参政知事。赵抃为官清正，尤其在三次治蜀期间，身帅以俭，法治与德治相结合，使川中奢靡之风为之一变，以至宋神宗对赵之后的新任成都知府都要提到他治蜀的成功经验，勉励其要向赵抃很好地学习。

宋仁宗嘉祐四年（1059），赵抃带着平生喜爱的一鹤一龟，去成都任转运使。转运使掌管一方财权，有督促地方官吏的权力，并兼管边防、治安、巡察，是州府以上的行政长官。成都府地域广阔，是著名的"天府之国"。但由于地处边陲，天高皇帝远，那里的官吏便放纵无忌。这次，赵抃去成都就是为了整顿吏治，减轻百姓负担。

新转运使上任伊始就开始明察暗访，搞调查研究。一天傍晚，赵抃身穿便服，带着一名老仆去茶馆品茗。只见茶馆内顾客盈门，正在议论本地官府请客送礼的种种招数。他俩找了一个僻静的角落坐下，边饮茶边倾听众人的议论。从众人的议论中，赵抃了解到此地各州县间盛行用公款请客送礼的奢靡之风。逢年过节是共喜，新官上任是接风，旧官调任是饯行，州县之间有喜事要致贺，出了坏事须安慰，官长家的庆寿、婚嫁、送葬、营宅、置田，属下都得祝贺或慰问。

在这些茶客中，赵抃发现有一位在暗自掉泪，便凑过去问其原因。

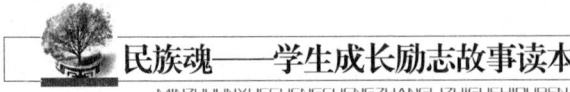

原来当地各路州县每逢季节更替，或隔路，或邻近，官吏相互间要馈赠节酒和特产，派遣衙前差役运送，而且要赶在节前安全送到。为此官府派衙前差一般都选择殷实人家，万一有什么差池，便要用家产抵押赔偿。这位悲伤落泪的茶客就因运送此类物品出差错而倾家荡产，亲友们花了不少钱，这才把他从狱中赎出来。

听了这事，赵抃感到非常震惊。他问："这些宴请馈赠和派遣衙前差都是违法的，为什么无人制止呢？"他的话引起哄堂大笑。人们告诉他，官府吃喝由来已久，人们都把州县衙门比作酒店。大官们十有八九与朝中大臣有牵连。如果钦差下来巡查，宴请馈赠规格更高，谁会去制止呢？

赵抃回到衙门，很想查清官府宴请馈赠时用的酒来自何处。因为朝廷对酒、茶、盐等实行专卖，控制得很严。于是他召来几个老吏问话。他们说，这儿地处边远，法令不如内地严格，造酒场所由各地官府指派，百姓遵守官府命令酿造的酒，每斗值大钱一贯。但官府来买，从未超过二百文。官府要酒越多，百姓的亏损就越大。他们奉劝新上任的赵大人要睁只眼、闭只眼，请客送礼之风官场常见，大官们通过这一渠道，联络朝中大臣；各州县官员，也以此建立关系网；而小吏们也把这个当作财源，敲诈勒索。他们说："大人为官清廉，当朝赫赫有名，单靠个人的力量是无法改变这种现状的。"

赵抃十分感谢他们的好意，但仍明确表示，他这次来成都就是为了整顿吏治。他说："刚才大家称我为官清廉，什么叫廉？古人说就是有棱有角的意思。首先要廉于自身，清正廉洁；其次要廉于本职，不以权谋私，干净干事；再次是要廉于社会，革除奢靡，利国利民。我还做得不够。为官如果随波逐流，没有棱角，将一事无成！"他说得很诚恳，令属下们深受感动。

成都自古以出蜀锦著名，所以又称"锦官城"。成都又是版刻业中心，蜀版图书写刻精细。为此，宋仁宗不断派宫中太监前来成都，或为宫中爱妃织造新花样蜀锦，或为版刻新的图书。这些太监自恃来自天子身边，肆无忌惮，仗势欺人。公家所置的酒场，每天要供应这些钦差大吃大喝。他们在成都一般要逗留两个多月，每人要耗费六七千贯，敲诈民间的财物尚未计算在内。

针对这些弊端，赵抃先后给宋仁宗上了两道奏折。第一道是请求禁绝四川官员间馈赠花样繁多的酒礼，以减少公款开支，避免官府趁机谋利；同时还可以免去差役送酒礼之苦，减少官府征召衙前差役；最后还可使酿酒百姓有利可图，至少不会破产。第二道奏折请求少派宫内太监入蜀，如果需派往成都，在时间上做适当规定，一般不得超过十天。他在奏章中强调川中离中原甚远，百姓更需休养生息。何况川中人多地少，赋税繁重，百姓生活本已不易，不应再烦扰苛剥。

赵抃这两道奏请对朝廷、对百姓都很有利，宋仁宗准奏后，蜀中父老惊喜相告。

一年半后，赵抃奉调回京。他离开成都时，依旧两袖清风，携带的只是简单的行李，外加来时带的一鹤一龟。

■心灵物语

赵抃上任后针砭时弊，清除不正之风，为百姓谋福利，还黎民一片安宁。赵抃廉明理政，为百姓做了诸多实事和好事，受到人们的爱戴，也给后人树立了学习的榜样。

■史海钩沉

转运使

转运使最早出现于唐朝时期，是唐代以后各王朝主管运输事务的中央或地方官职。宋太宗在位期间，曾在各路设转运使，当时称某路诸州水陆转运使，其官衙称转运使司，俗称为"漕司"。

转运使除了掌握一路或数路的赋税外，还兼领考察地方官吏、维持治安、清点刑狱、举贤荐能等职责。宋真宗景德四年（1007）以前，转运使的职权日益扩大，实际已成为一路之最高行政长官。元、明时期，又设有都转运盐使。清代设有都转盐运使，专管盐务，与唐、宋、辽、金转运使的职责有所不同。

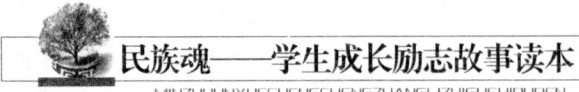
 # 唐介直谏不惧贬官

> 唐介（1010—1069年），字子方，江陵（今属湖北）人，宋神宗时任宰相。父亲唐拱卒于漳州任上，州人知其贫困，集资相助。唐介虽年幼，却明大义，谢绝不取。应试，中进士。朝廷爱其德行，擢第为武陵尉，又调平江县令。再调莫州知州，任丘（今河北境内）县县令。

　　唐介是宋代有名的清官。唐介小时候就很有操守。他父亲唐拱在漳州去世时，州里老百姓知道他家境清贫，就凑钱帮他办丧事。唐介虽然年纪还小，却婉言谢绝了众人的馈赠，自己想办法安葬了父亲。

　　后来，唐介考中进士，被授为武陵县尉，又调任平江县令，上任后公正无私。当时平江县有一户姓李的富户，此人生性吝啬，一毛不拔。只因为没有满足官吏的勒索，被诬陷犯有"杀人祭鬼"的罪行。岳州知州将他全家捉拿，不管男女老少逐一拷问，全家没有一人认罪。于是岳州知州让平江县令唐介审讯他们。唐介审理此案后，认为没有证据。岳州知州恨唐介没有按他的意图处案，将此事上报朝廷。朝廷派御史方偕提审案犯，结果同唐介的结论一样。于是岳州知州及其下属的官吏都受到了责罚，御史方偕一人受了封赏，而唐介并没有申辩。

　　后来，唐介调到莫州任丘县当县令。任丘地处宋朝和辽国通使往来的要道。这里驿站的驿吏吃尽了使者敲诈勒索的苦头，他们往往被勒索得家破人亡。唐介决心革除这一弊病。每当有使者经过时，他便坐在驿站门口，下令说："凡不是朝廷规定应供给的东西，一律都不供给。假如有人敢于损坏驿站的器物，一定要逮捕法办。"往来的使者见新县令如此严厉，再也不敢像以前那样飞扬跋扈了。

唐介任德州通判时，遇到转运使崔峄抬高绢价的事。崔峄把国库中的绢抬高价格硬配给百姓，公文发到德州后，唐介扣住不执行，并将文书上交给安抚司那里，指出这样做的危害。崔峄知道后怒气冲冲，接连几次发文查问催办，唐介仍然拒不执行。过了不久，上边果然撤销了崔峄的做法。

后来，唐介调入京城，升任监察御史里行，又转为殿中侍御史。这时，温成皇后的伯父张尧佐突然被授予宣徽、节度、景灵、郡牧四使的职衔。唐介与包拯、吴奎等大臣向宋仁宗力争，认为授职不当，并请中丞王举正将百官留在朝中评论这件事，宋仁宗只好撤去了张尧佐的两个职务。

过了不久，宋仁宗又授给张尧佐宣徽使、河阳知府。唐介便对同僚们说："这是皇上打算授给他宣徽使之职，而先假借河阳知府为名罢了，我们不能就此罢休。"但同僚们都犹豫起来，不想再管这事。只有唐介一人上朝抗争。宋仁宗对他说："授张尧佐这些官职是根据中书省的意见。"唐介听了后便弹劾宰相文彦博。他上奏说："文彦博在蜀地任职期间，曾派人织造金奇锦，并通过宦官将金奇锦送给宫内后妃，自从拉了这个关系后，才逐渐得到了宰相的位置；现在文彦博又重用温成皇后的伯父，是想以此巩固他的地位，请皇上罢免文彦博的宰相职务而以富弼代替他。"他还上奏说："谏官吴奎对这件事里外观望，是失职。"

唐介在上奏时，直言不讳，慷慨陈词，使宋仁宗很恼火，竟把他的奏章丢在一边不看，并且扬言要把他发配到边远的地方去。唐介见宋仁宗不看他的奏章，便拿起来慢慢给仁宗读，读完后说："臣一片忠贞激愤之情，就是下油锅也不畏惧，还怕被贬谪到边远的地方去？"

宋仁宗听后，急忙召中书省长官上殿说："唐介评论这件事，这是他殿中侍御史的职责。至于说文彦博是由于妃嫔的关系而得到宰相的职

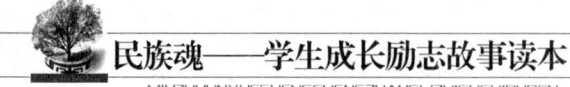
务，这是什么话？提拔任用宰相，难道是妃嫔能干预的吗？"

这时文彦博也在场，唐介便指责他说："文彦博应该自我反省，要是有这件事，绝不能隐瞒。"

文彦博听了后，只是向宋仁宗称罪不已，一句反驳的话也说不出来。

宋仁宗气更大了，认为唐介的做法太过分，便将他贬为春州别驾。大臣王举言上奏为唐介鸣不平，说这样处罚太重，宋仁宗不久也醒悟过来，第二天将唐介的奏章取来翻阅，将他改贬到英州去，同时也罢免了文彦博的宰相职务。

宋仁宗还担心，如果唐介在去英州的路上死了，他就会背上杀害正直大臣的名声，于是命宦官护送唐介前往。

唐介任漳州通判的时候，有一个大富商私藏了一些珍珠被关卡守吏搜获，当时从知州到一般小吏都对这批珍珠十分眼红，于是将它们作了很低的价私分了。后来这桩私分珍珠的案子被告发，宋仁宗对身边的侍臣说："唐介一定不会买这些珍珠。"等案件查清后，果然证实了宋仁宗的猜测。

■心灵物语

唐介能"举世皆浊而我独清"，在贪官污吏横行的环境中洁身自好，保持清廉的作风，不但得到当时皇帝的表彰，也为后人作出了榜样。

■史海钩沉

永乐城之战

永乐城之战是发生在西夏与北宋之间的一场重要战役。

大安八年（1081），西夏王闻宋在夏、银、宥三州界筑永乐城屯兵戍守，感到这是对自己的威胁，于是遣军30万前往攻取。西夏军先出动号称"铁鹞子"的骑兵抢渡城东的无定河，与北宋军在城下的旷野上激战。铁鹞军驰骋冲杀，锐不可当，宋军尽被击溃。随后，西夏军主力围攻永乐城，截断城内的水源，堵绝馈运，导致城内北宋军渴死大半，永乐城终被攻克。

这一战役，西夏军共歼灭宋兵约20万。宋廷为之震撼，被迫与西夏议和。

□文苑荟萃

题西林壁

（宋）苏　轼

横看成岭侧成峰，远近高低各不同。

不识庐山真面目，只缘身在此山中。

南乡子·重九涵辉楼呈徐君猷

（宋）苏　轼

霜降水痕收。浅碧鳞鳞露远洲。

酒力渐消风力软，飕飕。

破帽多情却恋头。

佳节若为酬。但把清尊断送秋。

万事到头都是梦，休休。

明日黄花蝶也愁。

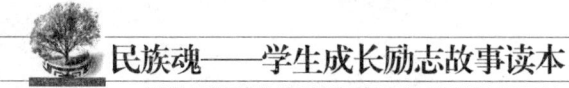
 # 刘大夏清廉邻国敬

刘大夏（1437—1516年），字时雍。华容（今湖南省华容县）人。天顺三年参加"乡试"中第一名，登天顺八年进士。明成化十九年升为福建右参政，以政务清明而闻名。

明弘治六年（1493）春，黄河在张秋镇（今山东省东阿县西南）决口，明孝宗下诏书广求有才能的官吏前往治理。吏部尚书王恕等大臣推荐了刘大夏。于是，明孝宗下诏将刘大夏从广东右布政使任上调回，授以右副都御史之职，前往治理黄河决口。

刘大夏到任后，经过调查后决定，先从黄陵冈浚通贾鲁河（在今河南境内），又浚通孙家渡和四府营的上游，以分减水势；同时又从胙城起经东明、长垣到徐州，筑起了一条长360里的长堤。黄河决口的水患被消除，"张秋镇"也从此改名为"安平镇"。明孝宗对刘大夏的才能大加赞赏，将他召回京城任左副都御史，后又任户部左侍郎。

弘治十年（1497），明孝宗命刘大夏兼左金都御史，前往宣府镇筹办军粮。临行前，尚书周经提醒他说："边塞上有权势的子弟，以买卖粮食牟取私利，你在处理这件事上不要因过于刚直而招祸。"大夏回答道："处理天下的事情，要以理服人而不能以势压人。等我到了那里后再想办法对付吧。"

以往边塞上收购粮草有个规定——粮食够千石、饲草够万束才收。一般百姓没有如此大的数量，因此，宦官、武臣家便得以操纵粮草市场牟取暴利。刘大夏到任后，下令有粮十石、有草百束以上都可以收购。这一政令打击了牟取暴利的权势之家，使边境地区的百姓得到了实惠。百姓欢欣鼓舞，纷纷前来交售，不到两个月时间，军粮就储备充足了。

第二年秋天，刘大夏三次上疏称病请求辞官归家。获准后，他便在东山下修了间草屋，闭门读书。过了两年，由于朝中大臣不断推荐，明孝宗又起用刘大夏，任右都御史，总制两广军务。当接旨后，他只带了两个家童上路赴任。两广的百姓原来就敬佩他为官清正，当听到他总制两广军务的消息后，敲锣打鼓、载歌载舞地庆贺。刘大夏为了使政务清明，放弃了按需要供应他东西的特权，并禁止内外镇守军官私自役使士兵。在他任职期间，两广的盗贼也逐渐减少了。

弘治十五年（1502），刘大夏被拜为兵部尚书，他屡次上疏推辞，明孝宗不许。明孝宗召见时问他为何多次称病不受诏，他谢罪回答说："臣年老多病。臣私下看到现在天下民穷财尽，如果发生预料不到的事情，责任就在兵部。我自量力不胜任，因而辞谢。"明孝宗听后默然不语。这一年的六月，他又向明孝宗上疏陈述兵政"十害"，并请求卸任归乡。明孝宗不许，命令他将应革除的弊端详细写明上奏。

于是，刘大夏将军队中存在的弊端一一上奏。明孝宗见到奏疏后，在宫中便殿召见他，问道："你上次说天下民穷财尽，自从太祖开国以来，征收租税一直固定不变，为什么现在会变成这样呢？"刘大夏回答说："正因为有些征敛不都是固定不变啊。比如现在陛下每年要广西进献铎木，要广东进献药香，仅这两项费用就以万计，其他的就可想而知了。"

明孝宗又问军队的情况，刘大夏说："军队的贫困同百姓一样。"

明孝宗不解地问："军士驻防时每月都发粮饷，行军也有粮饷，为什么会变得同百姓一样穷困呢？"

刘大夏很激动地回答说："士兵的粮饷一大半被将帅们侵占克扣了，怎么能不穷困呢？"

明孝宗听后长长地叹息，说："我坐江山这么久，竟不知道天下军民如此穷困，有何面目为人主！"于是下诏书清除这些弊端。

刘大夏忠诚厚道，深得明孝宗的赏识。他献身国事，经常受到权臣

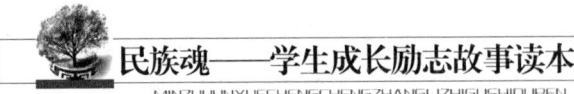

和奸佞小人的压制。明孝宗死后，明武宗继位。他奏请明武宗仔细核实大臣家招募的勇士，此举引起宦官刘瑾的怀恨。当时，朝臣中刘宇、焦芳向刘瑾进谗言说："抄了刘大夏的家，他家的财产当边防军费可用十二三年。"后来刘瑾找借口将刘大夏关进监狱，本想处死他，但由于都御史屠滽和大学士李东阳全力营救，刘瑾也派人了解到刘大夏家中贫无一物，所以他才免于一死，被发配到边关去戍边。五年后，刘大夏赦归。刘瑾被诛后，刘大夏官复原职，不久他便告老还乡了。

刘大夏为官多年，以清廉闻名。他曾经说："居官以正己为先。不仅应当杜绝私利，也应当使清廉的美名流传。"他还说："人一生的是非功过，只有到死后才有公平的结论；一日不死，担忧因做错事而受到别人指责的心也一日不会停止。"当刘瑾派军校去逮捕他时，他正在家中的菜园里干活，听到传讯令后，只到房中带了几百钱，就骑上毛驴随同前往。五年后被赦免归家，仍然过的是耕读生活。

刘大夏的一个任巡抚的门生，听说他已经回家，便从百里之外赶来拜见他。这位巡抚大人来到村头，看见一位老农正在田里扶犁耕地，便上前说："请问老丈，这村里有位刘尚书，他家在哪里？"农夫抬头看了看这位巡抚，便引他走进一处农舍，进了堂屋后，才说："我就是刘大夏。"巡抚这才认出是恩师，纳头便拜。

有一年，朝鲜使者来中国，住在鸿胪寺旅馆里，遇到一位姓张的人，在闲谈中知道他是刘大夏的同乡，便询问刘大夏的身体是否健康，并说："我国听到刘大夏先生的大名很久了。"有一年安南使者来时也问："听说刘尚书去戍边，现在在哪里？"刘大夏受到邻国人如此敬重，也说明他清廉的美名早已传遍四方。

■心灵物语

刘大夏勇于为民作主，为民办好事、办实事。他清明廉洁，甚至于退休后要扶犁耕地，这在古代的官吏中是极其少见的。刘大夏廉明的作风影响深远，为后人称道。

史海钩沉

弘治中兴

明孝宗朱佑樘由于幼年时期生活坎坷艰难，故而身体一直羸弱多病。但是，孝宗即位后却勤于政事，不但早朝每天必到，而且重开了午朝，使得大臣有更多的机会协助皇帝办理政务。

与此同时，孝宗还重新开设了经筵侍讲，向群臣咨询治国之道，并开辟了文华殿议政，其作用是在早朝与午朝之外的时间，与内阁大臣共同切磋治国之道，商议国家政事。

明孝宗的勤政终于得到了回报。弘治一朝，吏治清明，任贤使能，抑制宦宦，勤于务政，倡导节约，与民休息，是明代历史上少有的经济繁荣、人民安居乐业的和平时期。这段时期后来被史家称为"弘治中兴"。

文苑荟萃

中国历史上唯一一个只有一个妻子的皇帝

中国皇帝的一大特点就是妻子旅妃嫔多，所谓一夫一妻似乎永远都与封建皇帝无关。其实，在几百位皇帝当中，还真有一个一生只娶了一个妻子，他就是明孝宗朱佑樘。明孝宗与张皇后的感情极好，因此也没有其他妃嫔，只有四个级别较低的夫人。

孝宗和张皇后两人每天必是同起同卧，读诗作画，听琴观舞，谈古论今，朝夕与共。孝宗和张皇后生有一个独子，也就是后来荒唐透顶的武宗朱厚照。孝宗身体不好，晚年曾想革除积弊，倡导新政，可惜英年早逝。孝宗临死前曾叹道，再给我几年，太子就成熟了。可惜这个太子太爱玩乐，即位后给明朝的发展带来了一定的负面影响。

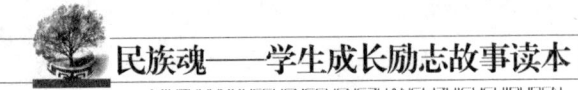
金九成为官不受贿

> 金九成（1558—1596年），字伯韶，号望虞，浙江秀水（今嘉兴）人，明学者、诗人，金应秋子，金寿明父，幼以神童称，万历四年（1576）举人。屡上公车不受，乃焚去邮传不复北上。诗亦清雅不俗，诗格在高季迪、袁景文之间，五言今体尤为道上。著有《元史考误》40卷、《史论》30卷、《史辨》30卷、《借竹轩稿》《春怀小草》《读史小论》。

明朝嘉靖年间，在浙江定海出了一位"千两白银买不出一句话"的县令，他的名字叫金九成。

金九成到定海上任后，锐意改革。他视察县境内各地，了解民间疾苦。当看到定海百姓筑的一条捍海堤年久失修，很容易被海水冲垮，他反复考虑后，便亲自带领老百姓增修捍海堤，使定海百姓免受海水涨潮之患，当地老百姓感激地把它称为"金公塘"。

金九成为人耿直，为官廉洁，从不接受别人的贿赂，也不接受私人的请托。他在定海任县令虽然长达十年之久，却因两袖清风，家中生活十分清苦，妻子、儿女有时甚至要煮野菜吃。

有一次，金九成身染急病卧床不起，有个财主给他送去1000两白银。原来这个财主的家里人犯了罪，正关押在县衙的监狱中，这位财主行贿是想求金县令网开一面，结果被金九成断然拒绝。过了不久，知府大人亲临他家替这位财主说情。这位上司坐在金九成的病床前，体恤地说："别的暂且不论，难道就不为妻子、儿女日后每天两顿饭着想吗？"金九成听后念了《诗经》中的两句话："我躬不阅，遑恤我后！"意思是说，我自身还不能见容，何暇忧虑到我以后！念罢就转过身去假睡，不再说一句话，他的上司只好失望而去。

■心灵物语

贫困改不了节操，宁肯受饿害病也拒收不义之财。在人们心中，朝廷官员该是何等威武，生活是何等奢华。但在金九成身上，我们看到的是一位清官在苦苦守护着那份节操。

■史海钩沉

重录《永乐大典》

明朝时期所编撰的《永乐大典》其实有两个版本，分别为永乐年间与嘉靖年间的。人们都习惯把永乐年间的第一个版本称为正本，而将嘉靖年间的重录本称为副本。目前，我们所能见到的都是明嘉靖年间的副本。

《明实录》等大量文献记载的确切史实指出，《永乐大典》是嘉靖帝"殊宝"爱之的珍品。他登基以后，更是将《永乐大典》作为必备的参考经典，并时常在朝廷上引用。

嘉靖三十六年，宫中意外失火，嘉靖帝立即命左右登上文楼，抢运出《永乐大典》，而且一夜当中竟然下谕三四次，焦急失态，足见《永乐大典》在他心中的分量。

火灾之后，嘉靖皇帝萌生了将《永乐大典》再抄一部副本另外保存的念头。重录副本直到隆庆元年（1567）才完成，与永乐正本的格式、装帧完全一致。而永乐正本也被移放到文渊阁，可惜明亡之后便下落不明。

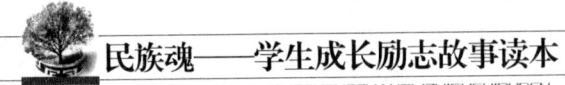
 # 祁寯藻高官居破宅

祁寯藻（1793—1866年），字叔颖，又字实甫，号春圃，晚号观斋，山西寿阳乎舒人。嘉庆年间进士，历任户部、吏部侍郎，兵部尚书。1841年（道光二十一年）命为户部尚书、军机大臣。1850年升体仁阁大学士。1861年，疏陈时政大事，同治命以大学士衔授礼部尚书。曾为道光、咸丰、同治"三代帝王师"。

祁寯藻为官清正廉明，忠言直谏，曾严禁鸦片，力主抗英。在户部尚书的任上，他掌管全国的钱粮，相当于财政部部长，而且还是军机大臣、首辅大学士（位同宰相）。但是，他在北京没有自己的府第，平时都是租别人的屋子住，穷得实在没有钱，就把租的大房子换成小一些的房子住。后来还是住不起，换更小一些的房子租了住，就这样连搬几次家。

有一次，有个叫弓玖的无赖在酒馆里喝酒时胡吹，说他是祁大人的同乡。恰巧被一位私访的王爷听到，便和他攀谈起来。弓玖又吹开了："说起祁大人可不一般，真是朝廷有甚他有甚。如今在家乡大兴土木，新修府第，门蹲鼓儿八字墙，五脊六兽插飞房，悬山斗拱高门楼，金砖墁地一层光。真是要多阔气有多阔气！"

王爷回朝后，就禀报了道光皇帝。道光皇帝听罢犯疑："恩师向来为人耿直，为官清廉。一家几代蒙恩，皆为国朝命官，岂能做出如此之事？"

有一天，道光帝派那彦成往甘肃办案，临行前对钦差吩咐了一番话。那彦成甘肃办案完毕返京途中驻马寿阳，要县官陪同到祁寯藻家中看看。

到祁寯藻故宅一看，东西瓦房年久失修，屋顶长出了蒿草，院墙也是残垣处处，屋里一架纺车，只有一本本线装书装点得还算整齐。那彦成见此情形，向刘太夫人（寯藻母亲）要过纸笔，大书四字："词林世家"。临走，刘太夫人赠送钦差红豆、绿豆、青豆各五升。

那彦成回朝禀明皇上，道光十分感动，特赐纹银三百两让祁寯藻修房。不想祁寯藻却用这些赏银补修了河北获鹿的通京山路，他的旧居依然没有修缮。

早在道光十九年（1839），当时担任左都御史的祁寯藻就偕同黄爵滋奉旨前往福建查看海防及禁烟事宜。

祁、黄二位钦差查看过海防后，就上疏道光，建议把炮台改为炮墩，以沙袋围起来。再将小船围在沙袋之外，既便于隐蔽，又可在船与船的间隙向敌舰开炮。道光看罢奏章，觉得有理，命邓廷桢速办。

在福建期间，两位钦差微服私访，查得台州知府潘盛暗种罂粟，鱼肉百姓；温州知府刘煜也在私种罂粟，上疏弹劾，潘、刘二人因此被罢官，远戍伊犁。

祁寯藻回朝后，被任为兵部尚书。第二年的七月，英军进犯厦门，闽浙总督邓廷桢率军抗击，英军败北。邓廷桢上奏朝廷。朝中却有人诬陷他所奏不实，妄言邀功。皇上命祁寯藻细查。经过调查，祁寯藻证实邓廷桢所奏属实，此人可堪大用。

道光下令禁烟前，祁寯藻撰写《新乐府三章》呈奏道光，其中有几句是这样写的。

　　　　　市上金价高如山，民间米盐事事艰。

　　　　　毒药得解尚可活，黄金入海何时还。

道光大为赞赏，下旨刻版印行，刊发各地。

林则徐虎门销烟，英国人恼羞成怒，给道光施加压力，朝中一些人

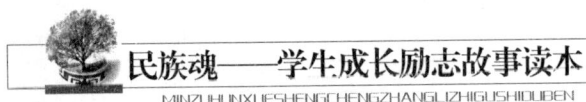
借机添油加醋，道光作出让步，革了林则徐的职。祁寯藻画了一幅《鹤立鸡群图》安慰林则徐。林则徐把一粒黄豆放在酒杯里点火烧酒，祁寯藻看出他的心思，是说"豆在釜中相煎易，鹤立鸡群出头难"。

祁寯藻说："我给你续几个字。'豆在釜中相煎易，断无生根地；鹤立鸡群出头难，终有天日开'。"后果如其所言，林则徐又被召用，只是病逝在赴任的路上。

后来，道光要查办卖国贼琦善，祁寯藻自荐去查办。道光问他带多少人马，他道："只需圣旨一轴，特等捕快四名。"

第二天，只见四名小官模样的人随着一位主考官南下去了广州。琦善与祁寯藻是熟人，相见后叙谈，只听一声令下，早有四名捕快上前，将琦善的一品顶戴摘掉，捆了个结结实实。祁寯藻当众宣读完圣旨，琦善及其爪牙被镇住了，琦善只好乖乖地做了阶下囚。

洪秀全起义后，曾国藩正在湖南老家休假，组织起老家子弟成立湘军。消息传至京师，咸丰大喜，只有首辅祁寯藻对当时的混乱局面心存忧虑，他说："曾国藩以侍郎在家闲住，就是普通百姓。一个普通百姓振臂一呼，有那么多人响应，这个时局就乱得够可以了。"

咸丰方才感到天下是够乱的，脸色都变了。祁寯藻能克己奉公，但对已经腐败的政治局面也是无能为力，仅能担忧而已。

■心灵物语

祁寯藻贵为朝廷重臣，却有着一颗爱民如子的心；他俸禄丰厚，却居住于破旧的故宅；虽克己奉公，却已感回天无力。个别官吏的廉洁明智已不能挽救即将覆灭的腐朽王朝，但这些人廉洁的品格仍然永垂青史。

■史海钩沉

祺祥政变

祺祥政变又称辛酉政变、北京政变，是发生在1861年的一起重大政治事件。

　　清文宗咸丰六年，即1856年，第二次鸦片战争爆发。1860年9月，英法联军逼近北京，咸丰帝急忙带着他的皇后钮祜禄氏（后来的慈安太后）和懿贵妃叶赫那拉氏（后来的慈禧太后）以及一班亲信逃亡到热河去了，并派恭亲王奕䜣留下来向侵略者求和。

　　奕䜣费尽周折，最后签订了丧权辱国的《北京条约》。然而，当时清政府的实权并不在奕䜣手中，而是掌握在跟随咸丰逃往热河的载垣、端华、肃顺等人手中，这些人将奕䜣视为自己的政敌，千方百计排挤他，不让他随驾到热河。

　　1861年11月1日，叶赫那拉氏联络恭亲王奕䜣在北京逮捕了肃顺等八位大臣，发动了祺祥政变。11月2日黎明，载垣、端华刚刚踏入宫门，就被事先埋伏在两旁的侍卫一一逮捕。肃顺扶柩到达密云时，在行馆被捉拿。3日，叶赫那拉氏又任命奕䜣为议政王，桂良、文祥等人任军机大臣，组成了新的军机处。7日，清廷改年号"祺祥"为"同治"，并宣布载垣等三人大逆不道，当即赐载垣、端华自缢，并将肃顺斩首，景寿等五人分别罢黜或遣戍。8日，叶赫那拉氏又下诏历数载垣、端华、肃顺等人的罪状，主要有抗拒皇太后垂帘听政、不能尽心和议以致失信各国等。11日，载淳正式登极，太后垂帘听政，是为慈禧太后。26岁的叶赫那拉氏篡夺了清朝大权，开始了她对中国48年的黑暗统治。

▢文苑荟萃

挽林则徐

（清）祁寯藻

德望重乡闾，家称孝弟、吏颂循良，接武有人传事业；
渊源思教泽，苗甫童蒙、今成衰老，感恩何日辑遗书。

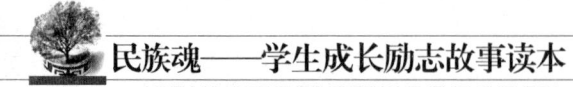

左宗棠为官廉洁

> 左宗棠（1812—1885年），字季高，一字朴存，号湘上农人，时任陕甘总督。晚清重臣，军事家、政治家、著名湘军将领，洋务派代表人物。一生经历了湘军平定太平天国运动，洋务运动，镇压陕甘回变和收复新疆等重要历史事件。左宗棠少时屡试不第，转而留意农事，博览群书，钻研舆地、兵法。后竟因此成为清朝后期著名大臣，官至东阁大学士、军机大臣，封二等恪靖侯。

左宗棠是湖南湘阴人。他21岁中举，但此后一连三次进京赶考，都名落孙山。从此，他改弦易辙，绝意仕进，潜心经世之学，从研究地理学入手，进而研究边疆问题、对外关系，以及政治、经济和国计民生的各种学问。经过数年的刻苦努力，终于达到了"体察人情，通晓治体"，"谈天下事，了如指掌"，被誉为"近日楚材第一"，甚至连大名鼎鼎的林则徐也"诧为绝世奇才"。

左宗棠学成后，曾在湖南巡抚骆秉章身边做过一段时间的幕僚，后在曾国藩手下帮办军务。因战功赫赫，两年后升任浙江巡抚。随后，又迁任闽浙总督、陕甘总督，授大学士，加太子太保衔，封一等伯、二等侯，声名十分显赫。

左宗棠虽为名将，身膺封疆大臣，但他终保持着清廉的作风。在军事行动中，他一直坚持住营帐，从来不住在公馆里。身上穿的常常是件布袍；有时出帐遇到兵勇开饭，便和他们一起用餐。

左宗棠进军西北攻打河州（今甘肃临夏东北）时，他的湘阴老乡蒋凝学正任兰州道。他见左宗棠年事已高，在军中生活不便，特意禀请左宗棠去兰州城住总督衙门。左宗棠坚辞不受，还坦诚地表示："前敌诸军冒雪履冰，袒臂鏖战，本爵大臣运筹中阃。斗帐虽寒，犹愈于士卒之苦也。"此后，左宗棠又先后到肃州、哈密督师。地方官基于西北荒原自然环境恶劣，天气变化无常，也都极力劝他住进公馆里。他都予以回绝，一如既往住在营帐中。

左宗棠曾亲口对人说，他"带兵五年，不私一钱……所余养廉不过一万数千金"。之所以如此，主要是他处处关照其他人。

此外，左宗棠还以廉为宝，从来不收取任何贿赂。即使在他领兵征战胜利收到朝廷的赏银，也总是"悉与将士共之"。一旦发现哪位属下家中困难，他都慷慨解囊。

有一次，左宗棠听说部将刘典将俸禄存在家乡一个店铺里，结果店铺倒闭了，致使全家老幼无以为养。他马上从自己的薪俸中拿出同样一笔款项，作为刘典一家的生活费用。不久，刘典病故，他又承担了刘典的丧葬费用。仅此一次，即用去左宗棠大约6000两廉俸银。

人们对左宗棠的廉洁有目共睹，有口皆碑。与他共事多年的杨昌浚说："缟钦符十念稔，从未开支公费；官中所入，则以给出力将士及亲故之贫者，岁寄家用不过二十分之一，而自奉俭约"；湖北巡抚胡林翼也对人说左宗棠"一钱不私己，不独某信之，天下人亦皆信之也"；湘军统帅曾国藩也说左宗棠"毕竟是我辈中人""是真君子""是少有的廉将"！

▢心灵物语

左宗棠虽身为大将，却有着朴实无华的情怀，与士兵同甘共苦。虽是朝廷重臣，却从不挪用公款，相反还慷慨解囊，资助他人。他实不愧为"真君子"。

■史海钩沉

《中俄伊犁条约》

《中俄伊犁条约》又称《中俄改订条约》《圣彼得堡条约》，是1881年（光绪七年）2月24日清政府与沙皇俄国在圣彼得堡签订的有关归还新疆伊犁地区的条约。

根据条约及其子约规定，中国虽然收回了伊犁九城及特克斯河流域附近的领土，但仍然割让给沙俄塔城东北和伊犁、喀什噶尔以西约7万多平方千米的领土。

《伊犁条约》的签订，标志着沙俄又割占了霍尔果斯河以西和斋桑湖以东7万多平方千米的中国领土。而俄国在华的经济扩张也由边境地区逐渐延伸至中国腹地。

此外，沙俄还利用《中俄伊犁条约》在1881至1884年间胁迫中国新疆居民10万多人"迁居"俄境。所以，这一条约的签订严重损害了中国的领土和主权的完整，给西北边务、经济发展和人民生活带来了极大的苦难。

■文苑荟萃

左宗棠旧居

左宗棠旧居位于今北京市东城区西堂子胡同的25—27号，为一组中西四合院的东院。

旧居的格局基本完整，院落中间穿插有长廊、假山、花园等建筑。其中，25号院是一座三进院落，宅门与正房以抄手廊贯通，正房内留有清式楠木雕花隔断，精巧别致。

20世纪30年代，国画家、清宗室溥雪斋曾购得此宅居住。如今，这所院落一部分是民居，另一部分则做办公使用。

第三篇

为国守财自廉

 # 季文子位高无钱财

> 季文子(？—前568年),姬姓,季氏,即季孙行父。春秋时期鲁国的正卿,公元前601—前568年执政。谥文,史称"季文子"。史料记载,季孙行父之"孙"是一种尊称,"季孙"并不是氏称,"季孙某"仅限于对宗主的称谓,宗族一般成员只能称"季某"。故季孙行父为季氏,而非季孙氏。季孙行父上承其祖成季之遗风,下启以季氏为首的三桓政治。正因为他的努力,鲁国三桓才得以顺利成长,从而成为日后凌驾于鲁君之上的强势卿家。

曾连任鲁国相国的季文子,是个十分忠廉的人。鲁襄公在位时,他由于积劳成疾,病故在任上。他的好友闻此噩耗,纷纷前来吊唁,发现他竟没给自己置下一件像样的家产。他的夫人衣着朴素,从不见有贵重的丝绸衣物穿在身上。他平时上朝所乘的马,也是普通的马;因为长期没有喂精饲料,毛色毫无光泽,一点儿不像相国坐骑应有的派头。

有一天,一位既是季文子下属又是亲戚的人叫公孙它,在拜访季文子的时候,推心置腹地谈到这个问题。

他说:"相国您可是咱们鲁国一人之下、万人之上的人,本该很气派。可您现在这个样子,实在有点儿寒酸。夫人身上的衣着这样朴素,拉车的马瘦骨伶仃,打不起一点儿精神,也不喂它些精饲料吃。这样,别人看了会觉得您执政过于吝啬,一点儿也不顾及咱们鲁国的形象!"

季文子听后淡然一笑,平心静气地解释说:"你看到的这些都是事实，但是我作为一国之相，怎么能只想着自己一家吃好穿暖呢？我的职责是让鲁国的黎民百姓过上富足殷实的生活；父老兄弟穿粗布衣、吃粗茶淡饭，我一个人过得再好又能怎样呢？"

公孙它听后连连点头："那是！那是！"

季文子继续说道："我还听说，君子从来是以自己高尚的德行为国家增光添彩，不是靠自己老婆、家人的华服盛装，车马的漂亮装饰和豪华排场来炫耀。如果我这个一人之下、万人之上的人只一味追求享乐，奢靡无度，讲究排场，怎么可能为国君治理好国家呢？"

季文子就是这样一个毫无私心的清廉之人。他去世后，连国君都亲自到他家悼念。人们在整理他的遗物时发现，这位两朝贤相竟没有一件值钱的家私，更别提古董珍宝了。为官几十年，没有一点儿个人积蓄，一心为公。季文子受到了当时人们的一致赞叹和敬仰。

■心灵物语

季文子身为一国之相不讲排场，心中装的是社稷的安危与百姓的疾苦，可谓大忠。去世后遗物的寒酸使得人们更加敬仰他，但更为人称道的是他一颗廉洁无私的心。

■史海钩沉

楚灭鲁国

公元前323年，鲁景公去世，鲁平公即位。这时，正是韩、魏、赵、燕、中山五国相王之年。鲁顷公二年（公元前278），秦国破楚国首都郢，楚顷王东迁至陈。顷公十九年（公元前261），楚国伐鲁，取徐州。顷公二十四年（公元前256），鲁国为楚考烈王所灭，顷公迁于下邑，封鲁君于莒。后七年（公元前249），鲁顷公死于柯（今山东东阿），鲁国绝祀。

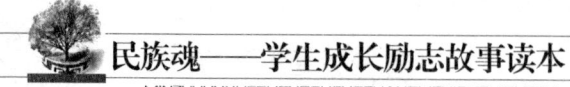
 # 晏子屡拒巨赏

> 晏婴（？—前500年），字仲，谥平，习惯上多称平仲，又称晏子，夷维（今山东高密）人。系春秋后期一位重要的政治家、思想家、外交家。以生活节俭，谦恭下士著称。
>
> 晏婴头脑机灵，能言善辩。内辅国政，屡谏齐君。对外他既富有灵活性，又坚持原则性，出使不受辱，捍卫了齐国的国格和国威。司马迁非常推崇晏婴，将其比为管仲。

晏婴是齐景公时的贤相。他任相国期间，生活一直很俭朴。上朝坐的是破车，驾车的马是劣马；家里人身上穿的是布衣，吃的是粗米；住房狭小，地段又差，一直是一套陋室。

一天，齐国国君齐景公有事派使者来晏婴家，正赶上晏婴在吃饭。照理，家有来客总得招待一番，何况是国君派来的。但晏婴没这样做，只是将做好的现成饭菜分一半给使者，结果主客二人都没有吃饱。使者心想，相国家里大概没吃的了。回宫后，把这些情况向齐景公作了禀报。齐景公大为惊诧："真没想到，晏相国家竟是如此窘迫，这可是寡人的疏漏呀！"

当下齐景公便遣人送去黄金千两，让晏婴专门用来招待宾客。孰料晏婴不肯收受，景公派人送了三次，晏婴婉谢了三次。

晏婴对景公说："君王赏赐臣下这些珍贵的金银财宝，一定以为臣下很穷，其实不然。以君王对臣的惠爱，已可让我三代享用，还能恩泽友人，臣一辈子都享用不尽。臣曾听闻，把君王的赏赐再转予百姓，是臣子代替国君讨好民众的做法，忠臣不为；但倘若不转施于人，一人独享，成为自己囊箧中的私物，仁者不为。财宝对一个人来说，不过是暂时保管一下罢了，生不带来，死不带走。我只需一块粗布做件用来遮体的衣服，一点儿食物用来果腹，就心满意足了！"

这样过了一段时间，齐景公想想还是要给自己的相国调换一套宅第。他对晏婴说："寡人听说你的住宅紧挨闹市，非常吵闹，房子狭窄矮小，地势低，还是换一换，搬到宽敞干爽一点儿的地方去吧！"

晏婴慌忙叩头谢恩："臣祖祖辈辈住在那里。臣才德不及先辈，能住这样地段已很奢侈了。再说，离市场近，购物方便，请君王就别为臣下操心了。"

但齐景公总觉得过意不去，便下令悄悄为晏婴盖了一座新的相府。又趁他出使晋国期间，派人拆了他的旧宅。齐晏公心想：这回好了，等晏婴回来，旧宅不在了，新宅正好落成，生米做成熟饭，他还能不搬？谁知晏相国出使回来了解到这一情况后，一面感谢景公知遇之恩，一面利用拆下的旧料又恢复了老宅，仍然搬了回去。

光阴如箭，转眼又是几年。为了表彰晏婴的功绩，齐景公赏赐两块封地让他用来收取俸禄。但晏婴仍像前两次一样婉辞不受。他对景公说："君王呀，如今您大兴土木，修建宫室，民力已不堪重负了；您热衷游猎，挥霍钱财，将大批财富赏赐给自己宠幸的女子，国家财政快到崩溃边缘了！您还穷兵黩武，连年征战，老百姓流离失所，都快生活不下去了。臣下不应再接受您的赏赐了。"

齐景公沉吟了一会儿说："相国言之有理，这些想法很好。不过，你不想自己先富裕起来吗？"

晏婴拱手拜揖："臣听说为人臣者，应先考虑君王。尊君然后才能身安，国定然后才能家安。不是臣不想先富，而是目前尚不具备条件，黎民百姓吃不饱饭还在饿肚子呢！"

齐景公说："你有这种见识寡人很高兴，只是寡人想不出用什么作为你的俸禄？”

晏子连忙说："君王的商贸渔盐，关市上只是稽查而不要去横征暴敛；农业税不超过十分之一，不使农民负担过重；还要减轻刑罚，死罪减刑，服刑减为处罚，处罚减为赦免。做到这三点，就是君王您给臣下最好的赏赐了。"

齐景公高兴地说："这三件事太容易了，寡人准你的奏请就是了！"

齐景公按晏婴这三条做了后，有使者出使大国，大国君主说："齐国这下安定了。"使者出使小国，小国君主异口同声地表示："齐国这下再也不会欺侮我们了！"

▇心灵物语

晏婴是中国历史上著名的清廉人物，他对清廉的认识十分深刻。能把个人的命运和国家的兴亡联系在一起，反过来又约束自己的行为，晏子可谓古代第一人。

▇史海钩沉

上大夫

上大夫是先秦时期设立的官名。战国时期，诸侯国中的爵位分为卿、大夫、士三个级别，大夫比卿要低一等。《廉颇蔺相如列传》中说："拜相如为上大夫。"当时蔺相如就比上卿廉颇官位要低。

大夫分为上、中、下三等，"上大夫"是最高一级的大夫。史料记载，在秦汉以后，中央要职主要由御史大夫担任，备顾问者有谏大夫、中大夫、光禄大夫等。至唐宋时期，还有御史大夫及谏议大夫的官职，直到明清时期才被废除。

隋唐以后，又以大夫为高级官阶称号。清朝的高级文职官阶都称大夫，武职则称将军。宋徽宗政和年间重订官阶时，在医官中别置"大夫"以下官阶，故现在仍沿称医生为大夫。

 # 张堪为官两袖清风

> 张堪（生卒年不详），字君游，东汉南阳郡宛县（今河南省南阳市）人。他家是南阳郡的大族。张堪少年丧父，他把父亲遗留下的数百万家财让给侄儿继承。16岁时到长安（故城在今陕西省西安市西北）从师学习，因为志向远大、行为端正，众儒生称他为"神童"。任职期间，廉洁自律，备受百姓爱戴。

东汉光武帝刘秀即位后，中朗将来歙推荐张堪，召见后拜为郎中，后来又晋升为谒者。那时国家尚未统一，光武帝派张堪押送物资入川，交给讨伐公孙述的大司马吴汉。走到半路，诏书下来追拜他为蜀郡太守。他向吴汉献策打败了公孙述。攻克成都后，张堪首先带领人马占据城市，查看库藏，收集公孙述的珍宝，一一登记上报，没有私藏一样东西。他还张贴告示安抚吏民，蜀地百姓都满心欢喜。

两年后，张堪从蜀郡被召回授予骑都尉之职，后来统领骠骑将军杜茂的兵。他领兵在高柳（在今山西省阳高县）打败了匈奴军队，被拜为渔阳太守。在渔阳郡上任后，他首先惩处那些为非作歹之徒，使社会安定；在平时的政务中，他又能做到赏罚分明，因而官吏和百姓都乐于听从他的政令。匈奴曾以一万多骑兵进犯渔阳郡，张堪率领几千骑兵急驰迎战，大获全胜，使渔阳郡得以安宁。在无战事时，他让军队垦田，在狐奴这个地方开垦稻田8000多顷，并鼓励百姓去耕种，因而使百姓富足起来。百姓编了歌谣说："桑无附枝，麦穗两歧。张君为政，乐不可

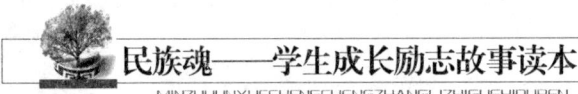
支。"他在渔阳当了八年太守，匈奴人不敢侵犯边境。

光武帝曾召见各郡考察官员的计吏，询问各郡的风土人情以及前后任职的太守、县令的政绩好坏。

蜀郡计掾（地方的计吏）樊显奏道："渔阳太守张堪以前在蜀郡任职时，对属下仁惠，对奸邪威严。当初公孙述被打败之时，成都王宫里堆积的珍宝像小山一样，他缴获的珍宝珠玉十辈子也享用不完，但他全部上交，分文不取。张堪两袖清风，一尘不染，在离职时乘坐的是一辆车辕都断了的破车，随身行李只有一床布被和一只布袋而已。"光武帝听后叹息良久。他下令召张堪来京，恰在此时，张堪因病去世。光武帝闻讯，深感痛惜，立即下诏书表彰张堪的功绩。

心灵物语

一介朝廷大臣，离任后所带的行李只有一床布被和一只布袋。曾经坐拥珠宝无数，却一尘不染。张堪真正做到了清廉自律，一心为公，不愧为后世人的榜样。

史海钩沉

安知非仆

"安知非仆"的典故出自《东观汉记》，源于刘秀说的一句话："怎么就知道这天子不是由我刘秀来做呢？"

当光武帝刘秀还是一个普通百姓的时候，与姐夫邓晨一起观看谶纬。谶纬中说：刘秀当为天子。旁边有些人说：谶纬肯定说的是国师公刘秀。光武帝却说："怎么就知道这天子不是由我刘秀来做呢？"

刘秀登基后的第三年，与邓晨一起谈及往事，邓晨从容地对光武帝说："仆竟然做到了。"光武帝听后大笑。

刘秀的笑声中，无不体现着对"安知非仆"成真的得意之情。做了皇帝后，刘秀对谶纬几乎达到了痴迷的程度，以至于晚年竟宣布"图谶天下"。在很大程度上，就是由于"安知非仆"真的应验了的缘故。

刘秀的这句"安知非仆"也激励了后世的很多英雄人物。据《梁书·张弘策列传》记载：南北朝的梁武帝起兵称帝的前夜，就曾激励自己道："光武有云：'安知非仆。'"后梁武帝也终于成为一代开国帝王。

■文苑荟萃

汉光武帝陵

汉光武帝陵古称原陵，是东汉开国皇帝刘秀的陵墓，位于河南省孟津区白鹤镇铁榭村。当地也称其为"汉陵"，俗称"刘秀坟"。

光武帝陵南倚邙山，北临黄河，近山傍水，蓊蔚肃穆。阙门巍峨，气势壮观；神道宽阔，直达陵前，两侧石刻林立、碑碣参差。陵园呈长方形，占地面积约6.6万平方米，墓冢位于陵园的正中间，为夯土丘状，高17.83米，周长487米。

1963年，汉光武帝陵被河南省人民委员会公布为第一批省级重点文物保护单位。2001年6月，又被国务院公布为第五批全国重点文物保护单位。

田豫有功不受禄

田豫（171—252年），字国让，渔阳雍奴（今天津市武清区）人。三国时期曹魏将领，官至太中大夫，封长乐亭侯。

曹魏时期，中国北方长城内外散居着十几个互不相属的鲜卑族部落。长期以来，他们和曹魏政权友好相处，边贸活动十分活跃。但自从出了个叫轲比能的大酋长后，民族关系就被破坏了。轲比能竭力反对同曹魏政权进行贸易，还阻止其他鲜卑部落与汉族来往，特别是不准将马匹卖给曹魏政权。

新任校尉田豫上任后，对此十分重视，多次前往鲜卑各部进行劝说。鲜卑的另一个大酋长索利本来就勉强附和轲比能的错误做法，经过田豫劝说，表示将立即恢复双方关系。不料在马匹交易的第三天，轲比能就出兵攻打索利，幸亏田豫及时发兵救了索利。

索利对此十分感激，专程前来拜谒田豫，并特意送来追风骏马两匹，黄牛二十五头，恳请田豫收下。

田豫坚决不收。谁知第二天，索利竟留下一封信，不辞而别。信的内容是："索利不辞而别，是怕大人退还牛马。"这可把田豫难住了，一名小吏在旁说："大人何必为难，这是他心甘情愿送您的，您收下就是了。"

"此言差矣。我不过是为国家办点儿事，怎么可以私自接受馈赠呢？要是索利另有所求，岂不更是有受贿之嫌吗？"

"那大人看这事该怎么办呢？"

"事已至此，也只有按章处置了。"田豫无奈地说。

当日，田豫下令，把牛尽数交给屯田的将士充作劳力，两匹骏马也拨给传递信息的骑兵充当脚力。几天后，他又派出两名使者来到塞上，把银两和布匹回赠给索利。

两个月后，索利酋长又来了。田豫设宴款待，酒过三巡，索利请田豫屏退左右，说是有机密的事要与田校尉个人商谈。

客厅里就剩下田豫和索利两个人，索利突然离座跪在田豫面前。

"有什么事？请起来讲。"田豫慌忙起身去扶索利。

"我有一事相求，大人如能允诺，我才起来。"

"你是否要再扩大我们两家的贸易交往？"田豫侃然地说："此事我已向朝廷报告，奏请向你们再出售一些铁器，以助农耕。"

"多谢大人关怀，不过我今天所请求的，是要你收下这点儿微薄礼物。"索利说罢，从袍襟里掏出40两黄金，双手捧给田豫说："我初与大人见面时，见您旧衣旧衫，又听说您为官20多年仍是粗茶淡饭，因此送些牛马。不料您全数入官，还酬我以金帛，这叫我如何过意得去？这些算是我私下送给大人的，谁也不知道，您就收下吧！"

"那我就更难接受了。公开场合送礼，众目睽睽，大家还知道是什么；现在偷偷摸摸，岂不更说不清楚了吗？这礼我收不得。"田豫坦然地说。

但是，索利坚持除非田豫受金否则就不起身。田豫无奈，只得收下。待索利满意离开后，他让库吏将金子全部收进府库。

第二天，田豫就给魏文帝写了一份奏章报告了这件事。曹丕看到后，很为北边镇守之人得力而高兴，于是赏赐了田豫五百匹绢，作为奖励。

田豫收到绢的次日，便把索利请来了，他笑着对索利说："谢谢你的金子，我把它纳入了府库，因此皇上嘉奖了我五百匹绢。我把这四百匹绢送给你，那一百匹用来奖励屯田种粮有功的将士。这可是皇上赏赐的，你可不能推辞哟！这也算是对您金子的回赠吧！哈哈！"索利被田校尉的清廉感动不已，只得捧着绢匹回去了。

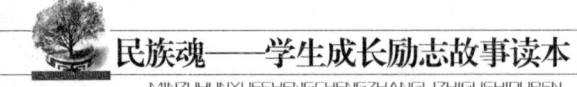
■心灵物语

田豫无功不受禄，有功也不肯受禄，即便"受禄"，也是有偿"受禄"，不怪索利被他这种清廉的精神打动。在古代的廉官中，不收礼的大有人在，但迫不得已收下，却又回赠的不多见。

■史海钩沉

鲜卑族

鲜卑族为我国古代的一个游牧民族，其先世为商代东胡族的一支。秦汉时期，他们从大兴安岭一带南迁至西拉木伦河流域，曾经归附东汉。匈奴西迁后，占领了他们的故地，留在漠北的匈奴10多万户也都并入鲜卑，势力逐渐强盛。

2世纪中叶，首领檀石槐被鲜卑各部推为"大人"，建立了包括宇文、慕容、拓跋、段、乞伏等部的军事联盟，分东、中、西三部，各部均设置大人统领。

在随后的十六国时期，鲜卑的慕容、乞伏、宇文、拓跋等部都曾经建立过政权。尤其是拓跋部在5世纪中期建立了北魏王朝，统治北部中国达140余年，并竭力促使鲜卑人汉化。而内迁的鲜卑人则逐渐转向农业并与汉族相互融合。

■文苑荟萃

建安七子

建安七子是建安年间（196—220年）七位文学家的合称，其中包括孔融、陈琳、王粲、徐干、阮瑀、应玚、刘桢。这七个人基本上代表了建安时期除曹氏父子以外的优秀文人，因而有"七子"之称，并得到了后世的普遍认可。这七个人对于诗、赋、散文的促进和发展，都曾作出过杰出的贡献。

 # 朝廷重臣一贫如洗

高允（390—487年），字伯恭。北魏时渤海郡蓨县（今河北景县）人。

南北朝时期，北魏有一位五朝元老，历任要职达50多年而一生清廉，他就是高允。

高允少年丧父，跟爷爷生活，这使他很早就成熟了。爷爷去世时他才十多岁，他将家中遗产全部推给二弟，自己却出家做了和尚，不久又回来在家读书。他爱好文献经典，经常担着行李、书籍，不远千里访师求学，最终成为一位精通经史、天文、术学的博学之士。他在家以教授为业，学生前后达千人之多。

神瑞三年，魏太武帝之舅阳平王杜超任征南大将军，镇守在邺县（今河北省临漳县北）。他早就听说高允的贤名，一到任便请高允担任从事中郎，做自己的幕僚。当时各州监狱中的囚犯很多都未判决，杜超便奏请高允与中郎吕熙等人分往各州，处理积压的案件。结果，吕熙等人因收受贿赂、徇私枉法而获罪，只有高允一人因清廉公正受到奖励。不久，他便归家授徒。

第二年，朝廷征召高允入京，拜为中书博士，升为侍郎。

高允任著作郎后，魏太武帝经常与他谈论政务，他因见解高深而得到太武帝的赏识。

有一次，太武帝问："我日理万机，政务很是纷繁，应该以哪一样

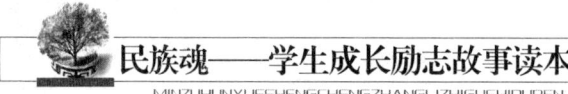

为先？"

当时有许多禁封良田，京城里无业游民甚众。高允就借机回答说："臣从小卑贱，所懂的只是农事，请允许臣就从农事谈起。古人说：'方一里则为田三顷七十亩，方百里则为田三万七千顷。'若鼓励农夫种好地，则每亩可增产三斗粮食；不鼓励，则每亩会减产三斗。方百里的面积增减的粟大约有222万斛，天下那样大，增产或减产的数字就更惊人了。如果公私都有储备，即使遇到饥年，又有什么可担忧呢？"

太武帝听了后，觉得很有道理，于是下令废除田禁，将皇家和官僚地主侵占的田地全部还给农民。

文成帝即位后，一些拍马逢迎的大臣劝文成帝大修宫室。高允听说后极力劝阻。他说，现有宫室足够朝会、居住和临望之用；如果广修壮丽为了好看，也须慢慢计划，不能仓促动工。他给文成帝算了一笔账：若要动工，计划运木材的军民需两万人，各种杂役合计四万人，约耗时半年才能完工。最后他说："古人有言：'一夫不耕，或受其饥，一妇不织，或受其寒。'何况要使数万人停耕停织，这个损失不是太大了吗？"文成帝采纳了他的意见，没有再大修宫室。

高允做了27年的郎官，当时朝廷不给郎官发俸禄，而是由他们向地方征收各种费用，很多官吏趁机横征暴敛。高允却从不肯向地方索取能满足基本生活需要之外的东西，他一直让几个儿子上山砍柴卖钱自给。由于高允十分清廉，没有礼品向上司进奉，所以在27年里没有得到升迁。而和高允同时应征的人，大多做到通官，甚至封了侯，就是原来做过他部下的100多人，也都升任刺史、郡守。

文成帝是一位有远见卓识的君主，他看中了高允的人品和才干。他在一次朝会中对众大臣说："像高允这样的人才是真正的忠臣。我有错误之处，他总是当面直言；就是我不愿意听的事，他也侃侃而谈，无所顾虑。我听到别人说他的不是，而天下之人不知道他向君王的劝谏，这难道不是忠吗？你们中的文官经常在我左右，没有听到你们说过一句劝谏的话，只知道奉迎我，说我喜欢听的话，以便升官。你们中的武将以刀马功夫侍候我，只是立功罢了，而官位高至公王。高允执笔匡正我的过失，至今才不过是个著作郎。你们这些文武大臣难道不感到惭愧吗？"于是，文成帝拜高允为中书令。

当文成帝宣布提拔高允为中书令后，朝臣中有一名叫司徒丽的人上前奏道："高允虽然承蒙皇上厚爱而授予这样高的职权，但他家境很贫困，连一件丝绸衣服都没有，妻子儿女生活艰苦得几乎无法生存。"文成帝听后生气地责备说："为什么不早说？现在看到我重用他，才来说他贫困的情形。"

一天，文成帝亲自到高允家去察看，只见茅屋几间，床上放的是布被，布袍中衬的是乱麻旧絮。再看厨房里，只有一点儿腌菜。文成帝看后很感慨地说："古人的清贫难道还有能同这种情况相比的吗？"回去后立即赐给高允帛五百匹、粮食一千斛。

■心灵物语

有谁可以理解身为朝廷重臣却一贫如洗，连一件丝绸衣服都没有，妻儿生活如此艰难，高允心中装的是全天下百姓的生计，却唯独没有自己和家人。宁肯吃咸菜、住茅屋却始终坚持那份操守。

■史海钩沉

北魏平城遗址

北魏平城遗址景区位于今山西省大同市区。自拓跋珪于天兴元年（398）七月迁都平城起，至太和十八年（494）孝文帝迁都洛阳，平城为北魏都城长达97年，并历经六帝七世。

当时，平城主要由宫城、京城和郭城三部分组成。宫城代代扩建，规模较宏大，以太极殿为中心，构成了完整的宫殿群落，并先后建天文、天华等24座宫殿，建西宫、北宫等宫15处，建东苑等4处，建华林、永林等园3处，建太庙、太社等10多处。其建筑布局谨严，规划完整。目前，这里已被列为全国重点文物保护单位。

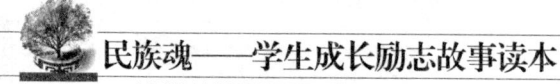
张以宁出使不受分文

> 张以宁（1301—1370年），字志道，古田人，人呼"小张学士"，泰定中，以春秋举进士，官至翰林侍读学士。明灭元，复授侍讲学士。奉使安南，还，卒于道。家于古田翠屏山下，自号翠屏先生。以宁工诗，高雅俊逸，超绝畦畛。著有《翠屏集》四卷、《春王正月考》。

张以宁是元末明初的官吏、学者。他家住在福建古田翠屏山下，当地学者都称他为翠屏先生。明太祖朱元璋十分赏识他的人品和才学，授予他侍讲学士之职，特受恩宠。

明太祖洪武二年（1369）秋天，张以宁奉朱元璋之命，以钦差大臣的身份出使安南，传达明朝皇帝封安南国主陈日煃为国王的圣旨。他启程时，明太祖赐给他一首亲笔写的诗。张以宁刚到达安南边境，便传来陈日煃身死的消息。前来迎接他的安南大臣请求将诏书和金印授给世子。张以宁没有答应，而是留居洱江上，传谕让世子先向朝廷上表报丧，办理丧事；然后再请朝廷准许承袭父亲的爵位。当他得到朝廷命令之后，才同后派的使者林唐臣一同进入安南境内办理要务。

张以宁在安南帮助新王处理政务长达半年之久。当他奉命回朝时，安南国王向这位钦差大臣献上很多珍宝作为礼物，张以宁分文不受。他出使时随身带的只有一个包袱，回朝时仍然是那个包袱，没有多一样东西。

不料在回国途中，他染病身亡。临终前，他躺在床上回忆往事："一生清廉，现在即将离开人世，死后覆盖在我身上的只有这条不够长的旧棉被；我这次出使没有辱没使命，我的空布袋里没有带一点儿安南王送的珍宝和金钱。"他感到欣慰，于是叫人取来纸笔，写下了自己人生中最后一首诗，其中两句是这样表明心志的：

覆身唯有黔娄被，垂橐都无陆贾金。

明太祖朱元璋得知张以宁半道病逝的消息后很惋惜，下诏命人护送张以宁的灵柩回乡，并由所在地方官进行安葬祭奠。

■心灵物语

使者的形象代表着国家的形象，张以宁为官清廉，以身作则，向明太祖交上了一份满意的答卷，也赢得了安南国方面的赞誉，为后人作了榜样。

■史海钩沉

提刑按察使司

提刑按察使司是古代的一种官名，始置于明朝时期，有按察使和副使，掌握着一省的刑名按劾之事，兼具司法和监察职能。

清朝时期沿置，但仅置按察使一人，省去了副使、佥事等官。按察使掌管振扬风纪，澄清吏治，审核刑狱，兼领本省驿传，与布政使同为督、抚属员。

■文苑荟萃

答豫章邓文若进士见赠并谢苏昌龄徵君

（明）张以宁

昨日出城风日暄，今日雨声早闭门。

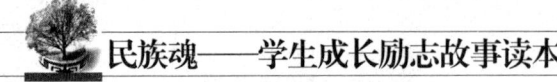

阴晴百岁手翻覆，长歌君诗声我尊。

昔年之春上京国，晓趋阊阖观朝元。

榑桑出日丽黄道，析木聚星环紫垣。

冯侯作歌君属和，我起击节清心魂。

五年相望不相见，万事别来难具论。

鬓边青丝已霜色，衣上红尘唯酒痕。

琼花开时广陵市，岂意共君同笑言？

眉山座上烂漫酌，三人欢好如弟昆。

纵谈夙昔若梦寐，仰视明月低昆仑。

起携数友逐清赏，难还鞍马城西村。

江流地上白浩浩，山落烟际青浑浑。

醉怀磊魂倾欲尽，世虑皎洁醒终存。

睹君佳儿宛在侧，杂佩婉娈纫芳荪。

老亲稚子隔天末，安得不使心忧烦。

感君相宽佩君语，期君去我高飞骞。

饥鸿嗷嗷纷在野，我曹一饮皆君恩。

此身倘未溘朝露，誓将毫末酬乾坤！

 # 使臣刘戬俭朴惊安南

刘戬（1435—约1489年），字景元，江西安福县人，明成化十一年（1475）谢迁榜进士第二人，授翰林院编修，成化二十三年（1487）升任侍讲。孝宗登基，命刘戬出使交趾（今越南）。刘戬到交趾的第一天便颁诏，第二天接受宴请之后回朝，并谢绝所有馈赠。交趾大臣入朝致谢，称刘戬"廷臣清白"，并为其建起一座"却金亭"于思明道中。刘戬从交趾归来后升任谕德，次年便去世了。刘戬才华横溢，有很高的文学修养。著有《晋轩集》。

明代弘治元年，孝宗即位，举国庆祝。为了把这个消息尽快通知友好的邻邦，需要派许多人去各国颁诏，通报情况。有个江西安福人叫刘戬，以侍讲的身份被朝廷选中，派往安南。可是就在前不久，安南人已经发兵攻下了占城，出兵与缅甸发生战争，攻势很盛。有的朋友对刘戬说："安南已和缅甸打仗，战火纷飞，你现在出使安南很不安全，而且人家正全力以赴地打仗，许多财力也用于了战争，去这种地方出使也没有多大油水可捞。还是找个合适的理由，把这个差事推辞掉为好。"

刘戬却说："国家有事需要我出使，这不是自家的小事，愿意去就去，不愿意去就不去。再说，出使的任务也不是自己捞油水，能不辱使命，我就心满意足了。"于是，他不顾个人安危，毅然南下。

过去使臣去安南大多走海路，乘着豪华的大船，带着大批的随从，排场很大。而这次刘戬只带了两名小童，走旱路，乘肩舆由南宁直达安

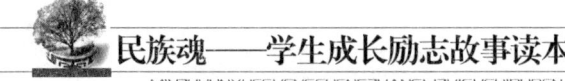

南。安南人接待过许多中国使节，早就习惯了豪华热闹的大场面，这次看见这么一个轻装俭朴的人只带着两名小童来，不相信他就是明朝派来的使臣。可是，查验了刘戬的身份，他的确就是代表中国前来颁诏的，安南人非常惊奇。接待刘戬的安南官员说："过去中国派遣的使臣都是带领庞大的船队航海而来，有大批的随从，而且每次到安南，总是要买卖很多的珍货奇物，出使一次就可以获得大量的财物。可是看您今天这个样子，好像是从天上掉下来的一样，您是怎样来的，是如何做到既快又不引人注目？"

他们把刘戬安置在条件舒适的宾馆里，比过去更加恭敬地接待他。安南的官员们来到宾馆，按礼节向刘戬施礼，非常虔恭。刘戬根据《大明集礼》的规定，只能受礼，不与他们交谈。到了预定的日期，他便立即举行了颁诏仪式，第二天宴请完毕即刻就要带着小童返回中国。

对刘戬的做法，安南王和官员们都非常吃惊，纷纷议论："过去中国派来的使臣可不是这么俭朴谨慎的呀！""是啊，过去的使臣总是带来很多东西，然后又满载而归的，这位使臣可真不一样啊。"安南王心想：这位使臣是不是有什么地方不满意我们了？可是，他想来想去，觉得各方面照顾得也算是很周到了。安南王希望刘戬回去后多向明朝皇帝说些好话，加强两国的睦邻友好。

于是，安南王找机会对刘戬说："天使您不远万里，来到我们这个偏僻的小国，如果有照顾不周到的地方，请您多多包涵。我们对明朝皇帝是十分敬重的，请您向他转达我们的敬重之意，我们一国百姓的命运全都仰仗着天使您了。"说完做了一个手势，只见几名侍从抬上几箱贵重礼品，这些东西比过去明朝使节来时赠送的要丰厚好几倍，其中金珠、犀角、象牙等珍宝特别多。

看到这一切，刘戬明白了安南王的心思，微微一笑说："大王请放心，我这次来贵国，受到贵宾的礼遇和招待，可以看出大王您对我国的善意和诚心，我定会转达这一切。但这些礼品就请收回吧，我已经领受了你们的诚意。"于是，刘戬没带一件礼品就启程回国了。

看到这一切，安南王对刘戬更加敬佩，就让他的陪臣快马加鞭，在半路上等着，务必把礼品送到刘戬手中。在快到边境的地方，安南的陪臣又献上了礼品，可刘戬还是谢绝不受。他给安南王写了一封回信，信中抄录了自己来时写的《初入关》诗。

> 咫尺天威誓肃将，寸心端不愧苍苍。
>
> 归装若有关南物，一任关神降百殃。

原来，刘戬出使安南时早已立下誓愿，决不取安南任何财物，否则甘愿受天神惩罚。对这样清廉正直的使节，安南王更加敬重佩服，派遣陪臣来京师进谢表，表中有"朝臣清白"的赞语，表彰刘戬一心为国，面对珍品毫不动心的廉洁品格，这真是中国使臣的骄傲啊！

■心灵物语

刘戬出使安南有三处可敬：其一，仪式从简；其二，与人平等；其三，拒不收礼。他廉洁的作风赢得了邻邦的美誉。

■史海钩沉

明成祖迁都北京

朱棣即位之后，是为明成祖。他先出击安南，后又亲自五次入漠北攻打蒙古。在文治上，明成祖又下令编写《永乐大典》，三年即成。永乐三年始，派郑和下西洋，规模空前，扩大了明朝的影响力。

永乐元年（1403），明成祖下诏，将北平改名为北京，并设立北京国子监等衙门。永乐五年（1407），又下诏在北京修建宫殿。永乐七年（1409），明成祖巡幸北京，在北京设立了六部与都察院，并在北京为逝世的徐皇后建立陵寝。经过十几年的经营，北京初步得到了繁荣。

1416年，明成祖公布了迁都北京的想法，之后得到认同。永乐十五年，开始大规模地营造北京，至永乐十八年宣告完工，永乐十九年正式迁都。

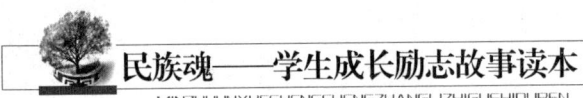

"苦行僧"总督陈瑸

> 　　陈瑸 （1656—1718年），字文焕，号眉川，海康人。康熙三十三年（1694）进士，曾任福建古田、台湾知县。疏议废加耗、惩贪官、禁滥刑、置社仓、枭积谷、崇节俭、兴书院、饬武备等。任福建巡抚、闽浙总督等。居官清廉，励精图治，布衣素食。累官福建巡抚，浙、闽总督。清廉卓绝，圣祖称为"苦行老僧"。

　　"朕也算见识过一些清官了，然而像陈瑸这样的，却还从未见过。历代清官中，朕以为还没有能超过他的！"这是中国在位时间最长的皇帝康熙对陈瑸发自内心的评价。

　　1719年，即康熙五十八年，时任闽浙总督的陈瑸感到自己身体健康状况越来越差，他再次上书康熙，请求免去他的职务。但康熙仍然舍不得这位臣子告老还乡，抚慰再三，劝其留在任上。没过多日，陈瑸便在处理公务时去世了。

　　前来吊唁的同僚看到堂堂一方总督，只穿着件粗丝袍子躺在那里，身上覆盖着一条半新不旧的粗布薄被，想到他生前为官清正廉洁，都忍不住潸然泪下。

　　据《清史稿·陈瑸传》记载，陈瑸一生布衣素食，生活简朴，吃的一直是粗劣的饭菜，起居就一间厅堂，住得十分简陋。每天，天不亮就去衙门上班治事，直到黑夜才回家休息。康熙甚至开玩笑说他是

"苦行僧"。

"苦行僧"先任古田县县令，此后曾在四川、台湾、湖南、广东、福建和浙江等地为官。他每到一地，除采取的诸如秉公执法、惩治贪官、减免赋税、废除酷刑、赈济灾民、兴办慈善事业等措施外，最突出之点一是兴学广教，置学田，建书院，造学舍，聘请有学问的人来讲学，提高当地居民素质；二是反对吃喝，禁止送礼，杜绝"苞苴"（意即红包、贿赂）馈赠的礼物。

陈瑸从四川调去台湾时，他考虑到台湾刚从荷兰人手中收复，便狠抓教化，兴办书院，较大的朱子祠、考亭书院等还奏请康熙御书榜额，积极推行儒家德治，教化民众。在廉政方面，他先从自己做起，崇尚节俭，禁绝一切送礼馈赠，还将应得的公使钱三两银子分文不取，全部用于修筑炮台等防务开支，以减轻当地人民的赋税负担。

有一次，康熙跟陈瑸开玩笑，问他这位"苦行僧"苦己的原因时，陈瑸奏说："清正廉洁，是一个人为官的基础。倘若贪图钱财，就不可能秉公执法，其他一切就更谈不上了。"陈瑸任闽浙总督时，康熙命他巡视海防。这位身负重任的朝廷大员竟自带干粮、行李，一路上吃喝诸事都自己解决，并吩咐下属不许沿途骚扰地方政府，给他们添麻烦。这在官场上可是从来没有过的事。

更让康熙意外的是，规定给总督个人公务应酬上的开支银两，陈瑸分毫不落个人腰包，还上疏奏请，允准作为军饷补助给守卫海防的将士，因为他觉得海防将士的生活条件太艰苦了。弄得康熙在各地巡抚之间一时很难摆平，只好劝他暂时先放在地方上，说不定什么时候有个应急需要。后来是广东雷州东洋塘海塘被飓风大潮冲塌，海水倒灌，侵损民田，才把这笔款项作为修建海塘的经费，造福一方乡民。

陈瑸去世后，康熙仍对他念念不忘，上朝时当着大臣们的面嘉奖他："朕考察过陈瑸举止言行，他生在边远海边，并非世家大族出身，又没什么门生故旧，社会关系不多，可天下仍有这么多人称赞他。可见要是没有实实在在的政绩，能这样吗？国家有这样的人才，实在是福气！"

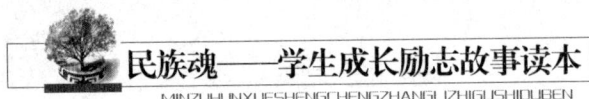
■心灵物语

一个秉公执法者一定是一个廉洁自律的官员，廉洁才能产生威信，才能制定正确的政策并使政策贯彻施行。陈瑸深刻地认识到了这一点，因此赢得了百姓的广泛赞誉。

■史海钩沉

广储司

广储司隶属于清朝内务府，康熙十六年（1677）由御用监改置，下设银、皮、瓷、缎、衣、茶六库，掌管其出纳事务。

广储司每年都由内务府大臣一人轮值管理，本司设总管六库郎中及六库郎中、中外郎、司库、司匠、副司库、库使等员。

■文苑荟萃

入闱口占

（清）陈　瑸

十年射策老匡衡，棘院重来转自惊。
垂绂尚疑身是梦，升阶幸免吏呼名。
灯悬席舍繁星丽，更转谯楼滴漏明。
辛苦依然当日地，也将蚁战薄群英。

第四篇
为人廉洁自律

斗子文为官为百姓

斗子文（公元前708—公元前626年），名谷于菟，字子文。他是春秋时期楚国有名的令尹，也是楚国历史上治国安邦的雄才，具有文韬武略之奇谋，而且为官廉洁，处事公平，不徇私情。

历史上有过许许多多的清官廉吏，但要保持那份清廉，做到在金钱面前不动心实属不易，这需要坚强的意志力。自古以来，"人为财死，鸟为食亡"的例子比比皆是，但是也有千方百计拒收金钱的例子，春秋时期的斗子文的故事便是其中的一例。

斗子文的父亲是楚国贵族斗伯比。据说，斗子文并非斗伯比的亲生儿子，他刚一出生便被亲生父母丢弃在荒郊野外，奄奄一息。幸亏斗伯比的岳父路过，把他捡了回来，送给女儿女婿抚养，斗子文才得以活命。

在斗伯比家，斗子文生活优裕，锦衣玉食；加之他天资聪颖，勤奋好学，日积月累，终于学有所成。斗子文的满腹才学深得当时国君楚成王的赏识，楚成王将他纳入朝中，拜为令尹。多年为官，斗子文始终清正廉洁，从不擅用权力、贪污受贿。最令人不可思议的是，他家中的积蓄竟不够支撑一天的开销，全家人生活得常常朝不保夕。

楚成王甚是喜爱博学而正直的斗子文，他得知斗子文家境困难，便有心扶助。在每次群臣聚会之后，楚成王都会专门为斗子文准备一束干肉，一筐干粮，使他能填饱肚子。久而久之，这竟成了楚王宫廷中一条不成文的制度。楚成王十分怜惜斗子文，曾三次要给他增加俸禄，使他的生活过得充裕一些，可斗子文死活不接受，甚至以辞去令尹之职来拒绝丰厚的俸禄。这让楚成王无可奈何，也使周围人迷惑不解。

斗子文这样做并不是在标榜自己，他认为当官就是为百姓着想，而不是为自己谋利，并且始终坚信自己的清廉能够影响更多的人，最终实现国家的长治久安。

■心灵物语

斗子文为官只为百姓丰衣足食，而自己及家人常常食不果腹，这未免令人难以接受。但斗子文的清廉换来了百姓的安居乐业。他这种舍小家为大家的廉洁精神值得后人发扬光大。

■史海钩沉

泓水之战

公元前638年（周襄王十四年），宋国与楚国为争夺中原霸权，在泓水（古河流名，故道约在今河南省柘城县西北）发生了一场战争，史称"泓水之战"。战争以宋国的失败而告终。

泓水之战后，楚国在中原的扩张已没有什么阻力，因而在其后的数年间，楚国势力一度到达了黄河以北。直到晋楚城濮之战后，楚国的扩张势头才得到遏制。

而宋国在泓水之战战败后，逐渐沦为二流国家，未能在历史中发挥它的重要作用。

公仪休不吃"送"来鱼

公仪休（生卒年不详），春秋时期鲁国的博士。由于才学优异做了鲁国的国相。他遵奉法度，按原则行事，丝毫不改变规制，因此百官的品行自然端正。其事迹载于《史记·循吏列传》。循吏，守法循理的官吏。《史记·太史公自序》："奉法循理之吏，不伐功矜能，百姓无称，亦无过行。作《循吏列传》第五十九。"

春秋时期鲁国的博士公仪休，因为才学出众、考绩优良而被选拔担任鲁国的宰相。

公仪休是个"奉法循理"的宰相，不随意更改国家既定的法规制度，从来不干出格的事情，办事公正，执法严明，所以朝中百官都规规矩矩。他要求领取朝廷俸禄的官员不得与百姓争利，享受优厚待遇的人不得再追逐蝇头小利。

公仪休严格要求百官，而他自己率先垂范。他有个嗜好，就是喜欢吃鱼。人们知道他有这个嗜好，就想方设法搞到一些鲜鱼送来，但公仪休一概不接受。

有一次，一个善于拍马钻营的人到公仪休家做客，他带来一罐活蹦乱跳的鲜鱼，公仪修照例不接受。这个人没想到竟会碰钉子，便厚着脸皮说："我听说相国最喜欢吃鱼，才千方百计弄到这些鲜鱼送来，相国为何不收呢？"

公仪休意味深长地说："是的，我是喜欢吃鱼。然而，正因为我有这个嗜好，我才不接受你送来的鱼。现在我身为相国，我的俸禄足够供我买鱼吃。别人送鱼给我，是有求于我。我吃了别人的鱼就要为别人办事，这样往往要徇私枉法，徇私情触犯法律的事办多了就会被免职。到那时候，我无权无势，还有谁送给我鱼吃呢？所以我不能接受你送的鱼啊！"

那人听了公仪休这番话后，脸上一副尴尬，张口结舌，再也没有说出一句话来，只得提着盛鱼的罐灰溜溜地走了。

□心灵物语

当一个官员收下行贿者的礼品之后，双方便达成了一个契约。公仪休深知"鱼"的背后所隐含的意思，因此据理反驳。这不仅表现了他为官清廉的品质，也为后人作出了表率。

□史海钩沉

胡服骑射

战国时期，赵国的赵武灵王是一位奋发有为的国君。他为了抵御北方胡人的侵略，实行了"胡服骑射"的军事改革。

这一改革的中心内容就是穿胡人的服装，学习胡人骑马射箭的作战方法。其服上褶下绔，有貂、蝉为饰的武冠，金钩为饰的具带，足上穿靴，便是骑射。为此，赵武灵王力排众议，带头穿胡服，习骑马，练射箭，并亲自上阵训练士兵，使赵国的军事力量日益强大，从而能西退胡人，北灭中山国，成为"战国七雄"之一。

司直夫人务农活

> 王良（生卒年不详），字仲子，汉代东海郡兰陵县（今山东省苍山县兰陵镇）人。少年时好学不倦，成年后已是一位很有学问的学者了。王莽时，他在家装病，不愿为王莽的新朝效劳。他以教授生徒为业，先后教过的学生有1000多人。

东汉光武帝建武二年，大司马吴汉征召王良出来做官，他没有应征。因为他人品和学问为世人称道，名气很大，建武三年，光武帝便诏封他为谏议大夫。谏议大夫的职责主要是掌管论议、对朝政发表意见，因此他向汉光武帝进了很多忠言。他平时行事谨慎、公正，因而满朝大臣及光武帝都敬重他。

建武六年，王良升为大司徒司直。司直是大司徒的助理，职务是帮助大司徒督录各州郡的奏章送呈皇帝，因大司徒即是宰相，所以司直的职位也十分显赫。但王良行事恭顺，生活很俭朴。他没有将妻子接来京城，自己的用具也同普通百姓一样，盖的是布被，用的是瓦器，没有一般官僚家中都有的绫罗绸缎和金银器皿。

有一次，大司徒府的司徒史鲍恢因公事到东海郡去。他在途经兰陵县时，特地赶到王良家去探望。当他来到王良家门口时，见一位农妇身穿布裙正拖着一捆柴草从田里回来。鲍恢便上前说："我是从王大人那里来的司徒史，特来拜访王大人家，看看有没有书信可捎带，想见见夫人，请禀报一声！"妇人听了这话后，忙放下手中的柴草还礼说："我就是王良的夫人。司徒史劳驾你了，这么远跑来我家，我没有什么书信可捎。"鲍恢听后连忙下拜，想不到堂堂大司徒司直夫人竟在家务农！告别王夫人后，他一路上叹息不止。回京后，他将见到王夫人的情形告诉同事们，听到的人没有不赞叹的。

■心灵物语

身为朝廷大臣的夫人却如农妇般挑草度日，这在常人眼中是难以想象的。鲍恢的感动，在一定程度上给王良的廉洁之行作出了最好的评价。

■史海钩沉

王莽被杀

王莽篡位后便实施改制。但王莽的改制不仅没能缓和社会矛盾，反而造成了社会的剧烈动荡，国库耗费殆尽，无法拨款赈灾，导致民众难以生存。

天凤四年（17年），全国发生蝗灾、旱灾，饥荒四起，各地农民纷纷起义，形成了赤眉军和绿林军大规模的反抗。

地皇四年（23年），王莽在南郊举行哭天大典。同年，绿林军攻入长安，王莽在王揖等人的护卫下逃往渐台，公卿大夫、宦官、随从还有千余人。守城的王邑日夜搏斗，部下死伤无数，最后败退至渐台，而跟随王莽的千余人全部战死或被杀。王莽在混乱中为商人杜吴所杀，校尉公宾斩其首，悬于宛市之中。至此，新朝灭亡。

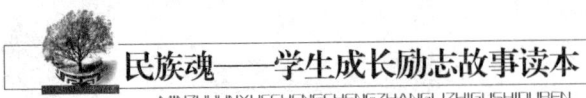
太守羊续家徒四壁

羊续（142—189年），东汉大山平阳（今山东新泰）人，字兴祖。其父在桓帝时曾任太常卿。羊续以忠臣子孙拜郎中，后去官，辟为大将军窦武官署。窦武败后，因党锢之祸被禁锢十年。党禁解，辟大尉府，四迁为庐江太守。后又任南阳太守，征入为太常。所在施政清平，深受官民爱戴。为官清廉俭朴，府中资藏仅布衾、盐、麦数斛而已。卒于太常任上，年仅48岁。

汉灵帝中平三年（186），羊续被任为南阳太守。

羊续在赴任时，一到南阳郡界，便脱去官服换上一身破旧的衣服，装扮成普通百姓，只带着一名小童进行私访。羊续走遍南阳郡所辖各县，一路上搜集反映当地风土民情的歌谣，了解官吏们的政绩。这样一来，他在到职前便对郡内各县长官的贪赃或廉洁情况、对一般差役及百姓的善良或奸猾情况，都预先有所了解。消息传出后，南阳郡的官民都很震惊，那些贪官污吏更是心惊肉跳。

当时南阳郡有权有势的人家大多崇尚豪华的服饰，过着花天酒地的生活，羊续对这种风气深恶痛绝。他身为一郡的最高长官，生活却很俭朴：吃的是粗茶淡饭，穿的是破旧衣服，外出时乘坐的是瘦马拉的破车。那些平时追求奢侈享受的官绅们看到太守如此，都不得不有所收敛。

　　太守府的一位府丞看到羊续的生活很清苦，心里过意不去，就给他送去一些活鱼。羊续知道他是好意，便接受了，但他没有吃，而是将鱼悬挂在厅堂里。过了一些日子，这位府丞又送来几条鱼，羊续便拿出上次他送的鱼让他看。府丞明白了太守的心意，就不好再送了。

　　羊续虽然官居南阳太守，却只身一人上任，妻儿仍在家乡务农。后来，妻子带着儿子羊秘来到南阳找他，羊续竟然闭门不纳，不让他们留下。妻子很难过，以为他变了心，准备回乡下去。这时，羊续向儿子展示他的全部家当：一床布被、几件旧短衣、一点盐、几斛粮食而已。看完后，他对儿子羊秘说："我虽身为太守，但日常的供养就这么多，我用什么来养活你们呢？"他劝勉儿子陪母亲回家务农自给，羊秘母子知道真情后，便回乡去了。

　　中平六年，汉灵帝打算提升羊续为太尉。东汉时期，太尉、司徒、司空并称为"三公"，是辅助国君掌握军政大权的最高官员。当时的规矩是：凡进封三公的官员，预先给管理皇家陵墓内器物制造和供应的"东园"礼钱千万，然后才能正式授官。催交这项礼钱的差使一般由皇宫内的宦官担任，因骑快马，被称为"左骖"。"左骖"所到之地，都受到隆重迎接，盛宴招待。有人甚至还另外赠献厚礼，贿赂"左骖"，以便他们"上天言好事，回宫降吉祥"。

　　当催交礼钱的"左骖"到南阳郡后却受到了冷落，并没有迎接的仪仗队伍。进府后羊续竟让"左骖"坐在一张薄席上，开门见山地说："请公公奏明皇上，臣的全部资产只有身上穿的这件旧布袍而已。"说着便将袍子提起让"左骖"看。"左骖"灰头丧气地回去后，向汉灵帝说明了这一情况。汉灵帝听后很不高兴，便打消了提升羊续为太尉的念头，只征召他回京任太常。羊续尚未启程赴任，就病死在南阳。

　　羊续生前清廉，临终前留下遗言："死后要以俭安葬，不收丧礼，也不接受按规定由官府支付的百万助丧费用。"府丞焦俭遵照羊续的遗言，一无所受，很节俭地安葬了这位年仅48岁的太守。

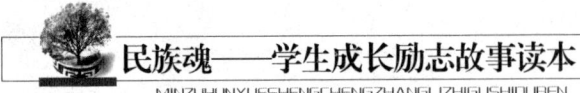
▊心灵物语

　　身为太守的羊续没有奢华的衣服，没有精美的饭食，有的只是一颗兢兢业业的廉心。他生前勤勉奉公，死后留下的是传世美名。

▊史海钩沉

太　守

　　太守为中国古代的一种官名，原为战国时期郡守的尊称。西汉景帝时期，郡守改称为太守，成为一郡的最高行政长官。历代沿置不改。南北朝时期，新增州渐渐增多，郡之辖境日益缩小，郡守的权利为州刺史所夺，故而州郡区别不大。至隋朝初年，存州废郡，以州刺史代郡守之任。此后，太守便不再是正式的官名了，仅用作刺史或知府的别称。明清时期则专称知府。

▊文苑荟萃

后汉门·羊续

（唐）周　昙

鱼悬洁白振清风，禄散亲宾岁自穷。
单席寒厅惭使者，葛衣何以至三公。

 # 华歆守廉退礼物

华歆（157—232年），字子鱼。是汉代末年平原郡高唐县（今山东省高唐县）人。他在年轻时就很注重品格的修养，在高唐府当府吏时，从不接受别人的礼品，评断事情能主持公道。汉灵帝死后，由大将军何进辅政，华歆被征调入京为尚书郎，后来汉献帝下诏书征拜他为豫章郡太守。他为官清廉，郡内吏民都很感激他、爱戴他。

孙策占据江东时，受到华歆的支持，因此孙策待他如上宾。孙策死后，曹操想得到华歆，向汉献帝表奏，征华歆入京。孙权不愿意放人，华歆便向孙权分析了当时的形势，讲明去与不去的利害关系，孙权只得同意他入京。

华歆在拜别孙权准备启程时，宾客和老朋友陆续到家中话别的有1000多人，赠送的礼物达数百金。华歆毫不拒绝地全收下来，但在客人走后，却在每份礼物上都标注了姓名。临行前，他把这些礼物堆积到一起，对来送行的客人们说："我本来没有拒绝诸位的深情厚谊，但送来的礼物太多了。我这次赴京是单车远行，满载这么多礼物去，会招致不满，望诸位替我想个办法。"众人听后，便留下各自赠送的礼物。大家更加敬佩华歆的品格。

后来，华歆在魏文帝时封侯拜相，官做到司徒的高位，仍然不改旧志。他把俸禄所得和魏文帝赏赐的大部分财物都用于救济亲友，而自己家中竟没有多少存粮和积蓄，生活比较清贫。

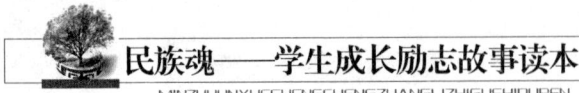
有一次，魏文帝将一批罪犯的家属作为奴隶赏赐给公卿大臣，许多大臣们将这些女奴留着自己使用，唯有华歆将她们找了好人家嫁出去。魏文帝听到这件事后感叹不已，他下了一道诏书说："司徒，是国家德高望重的人，大可调和阴阳，小可管理众事。现在大臣们过着花天酒地的生活，司徒却吃着粗茶淡饭，太说不过去了。"魏文帝特地赐给华歆御衣一件，并命人为他全家男女老少都做了衣服。

■心灵物语

华歆秉承廉洁操守，硬是退还了宾客好友价值连城的礼物。或许常人以为华歆身家不凡，谁能想到他的生活竟一贫如洗。可以说，是个人原则与品格的力量督促他"按章行事"，也为后人作出了榜样。

■史海钩沉

曹丕政绩

魏文帝曹丕在位仅仅七年，虽然不够出彩，但还是兢兢业业地作出了很多政绩。

其一，他重视文教。221年，曹丕下令人口达十万的郡国每年察举孝廉一人。同年，又重修孔庙。224年恢复太学，设立春秋谷梁博士。

其二，他修复洛阳，营建五都，推广儒学文化。

其三，他采取战略防守，恢复生产，与民休息。

其四，他发展屯田制，施行谷帛易市，稳定社会秩序。

其五，他创立了九品中正制，并果断称帝，结束了汉朝的百年统治。还曾御驾亲征东吴，赢得巨大政治资本，为子孙后代打好了根基。

其六，他积极巩固中央集权，限制后党权利，削夺藩王权利，建立防腐败的制度，强化中书省，发展校事官制度。

其七，他在外交上册封孙权为吴王，取得优势，令吴国臣服在魏朝长达七年之久，换来发展的和平时期。

此外，魏文帝还积极征服北方蛮族鲜卑和高句丽，开拓疆域达到漠北和朝鲜半岛，解除了边疆的隐患。

 陆绩家门前的"郁林石"

陆绩(约188—约219年），字公纪，吴郡吴县（今江苏省苏州市）人。东汉末年孙权麾下官吏，官至郁林太守、偏将军，为《二十四孝》中怀橘遗亲的主角。

晚唐文学家陆龟蒙是吴郡吴县（今江苏省苏州市）人。他家门前有一块巨石，是他远祖陆绩从郁林运来的。

陆绩是三国时期的天文学家。孙权主管吴国政事后，将陆绩征召为奏曹掾。陆绩刚正不阿，很多官吏都敬畏他。后来他出任郁林郡太守，加偏将军，领兵2000余人。郡太守是一个很有权势的官职，几年之内就可拥有万贯家财。但陆绩廉洁奉公，处理政务之余就钻研天文学、数学等，著有《浑天图》《〈易经〉注》，还有阐述道家学说的著作，这些著作在当时都流传很广。

陆绩在郁林罢官离任时，仍然是清贫如故，宦囊空空。从郁林返回家乡吴郡，须渡海北上。船家看到这位太守大人的行装只有简单几件衣物，没有大箱小箱的金银珠宝，感到很吃惊，于是禀道："船上无货，船身太轻渡不了海。"陆绩听后，便命差役们搬一块巨石上船，以增加船的重量。于是，广西郁林的巨石就乘船渡海来到了吴郡，一直放在陆家门前。人们赞扬陆绩的清廉，就把这块巨石称作"郁林石"。

■心灵物语

从陆绩对贪官污吏的惩治中，我们读出了他的正直；从郁林石中，我们读出了其廉洁的一面。可以说，"郁林石"是陆绩官场生涯中的一座丰碑，向后人展示着为官者的本分。

■史海钩沉

孙权乘马射虎

建安二十三年（218年）十月，孙权骑马到废亭这个地方射虎，结果他所骑的马被老虎抓伤。危急之间，孙权将双戟（古代兵器）投向老虎，老虎却停了下来。孙权又用戈（古代兵器）攻击老虎，才把老虎抓获了。

孙权每次打猎，都喜欢乘马射虎，虎则常常突越马前攀持马鞍。一次，孙权在射虎时被张昭看到，张昭吓得大惊失色，跑到孙权面前说："你用什么抵挡它？为人君者，应该驾驭英雄，驱使群贤，岂能驰逐于原野，骁勇于猛兽？一旦有所危险，恐天下耻笑？"

孙权谢张昭，说："年少虑事不远，以此惭君。"但是他仍然不能控制自己，于是做射虎车，间不置盖，一人驾驶，自己在里面射之。有时遇到脱群之兽侵犯射虎车，孙权每次都以手击禽兽为乐。张昭虽然每次苦谏，但孙权常笑而不答。

■文苑荟萃

孙权墓

神凤元年（252）孙权死后被葬于南京钟山南麓的高岗上，葬处因此而得名为"孙陵岗"，后人又称为"吴皇陵"，这也是南京地区最早的六朝陵墓。因避祖父吴孝懿王孙钟的名讳，便将钟山改名蒋山，孙权陵也因在蒋山而被称作蒋陵。

何随芋秧系丝绵

何随（约213—284年），字季业，是三国时蜀郡郫县（今四川省郫县）人。蜀后主时被征聘为官，曾任蜀郡功曹州从事，光禄郎中、主事，安汉县令。蜀亡后，弃官归家。

何随离开安汉县（在今四川省南充县）时，县衙的两个公差送他。当时巴郡正遭饥荒，到处没有粮食。送行的差人没有口粮可带，饿了也没地方吃饭，就挖路旁地里的芋头吃。何随不愿百姓遭受损失，便拿出随身带的丝绵系到挖去芋头的芋秧上，丝绵的数量足以抵得上芋头的价值。

农夫们到地里干活时发现芋秧上系着丝绵，便互相议论丝绵从何而来。有人讲："听说何随为官清正廉洁，今天他从这里经过，一定是跟随的人无粮可吃挖了我们的芋头。这系丝绵的人，必定是何随了。"于是，他们从芋秧上取下丝绵一路追赶。赶上何随后，他们将丝绵归还给他，但何随无论如何也不肯收。于是当地百姓中流传着这样的话："安汉县的公差取了百姓的粮，安汉县令为他们赔偿。"

□心灵物语

随从取食百姓地里的芋头继而何随用丝绵偿还，这不过是一件小事。然而小事之中透露出何随那颗清廉的心，着实令人感动。

■史海钩沉

大将军

大将军一职始置于战国时期，也是将军的最高封号。

东汉时期，大将军多由贵戚充任，具体名号有建威大将军、骠骑大将军、中军大将军、镇东大将军、抚军大将军，等等。除骠骑大将军的职位稍低于三公之外，其余的均在三公之上。

三国时期，夏侯淳、姜维等人皆为大将军。

■文苑荟萃

三国遗址公园

三国遗址公园位于安徽省合肥市庐阳区三十岗乡，淝河故道北岸，史称三国的"合肥新城"。

现今的三国"合肥新城"遗址尚存夯筑土城墙残基大小土墩18处，地形岗峦起伏，护城河水系丰富，西郊风景区蜀山湖就在眼前，秀丽的大蜀山在水一方，信步古城，遗垣古迹，依稀可辨。

1985年7月，合肥市人民政府公布三国遗址新城为市级文物保护单位。1998年5月，安徽省人民政府公布三国遗址新城为省级文物保护单位。

 # 胡氏父子皆廉洁

> 胡质（？—250年），字文德，三国魏寿春（今安徽省寿县）人。少年时就很出名。曹操召他为顿丘县令。魏文帝黄初年间，先后任常山太守、东莞太守。在郡九年，很有政绩，官吏和老百姓都安居乐业，将士效命。后来升为荆州刺史，赐爵关内侯，迁征东将军，徐州诸军事。每次军功所得赏赐，他都分给部下，从不拿回家中。

　　胡质、胡威父子，是魏晋时期很有名的廉洁之士。

　　胡质性情深沉笃实，内心高洁，从不以权谋私。他任职过的地方，人们都怀念他。他去世后，家中没有多余的财物，只有皇帝赏赐的衣服和一只小书箱。

　　胡质的儿子胡威，字伯虎，少年时期就有远大的志向，以节操清白自励。在胡质任荆州刺史时，胡威从京城洛阳去探望。因为家贫，无车马僮仆，胡威便自己赶着小毛驴一人上路。每到一地客店，他就牵驴放牧，拾柴做饭；吃完饭，又随旅客们上路。到荆州见到父亲后，他在郡衙的马棚里住了十多天。启程时，胡质给他一匹绢做路费。胡威知道父亲一向清廉，见到这样好的丝织品，疑惑不解，便跪下问道："大人清白，不知从哪里得到这匹绢的？"胡质回答说："这匹绢是从我的俸禄中节省下来的，给你做路上的盘缠。"胡威这才接受，辞别父亲上路。

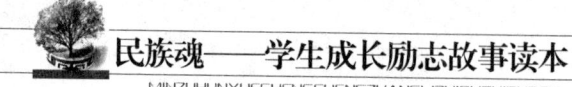
胡质帐下有一个都督，同胡威素不相识，在胡威将要回家之际，他也请假回家，却暗地带上行装在百里之外的路上等候胡威。胡威来后，他就相邀为伴。一路上他事事帮助胡威，就这样走了几百里路。

胡威对这个素昧平生的同伴的殷勤很疑惑，就想方设法诱他表明自己的身份，这才知道他是父亲手下的一名都督。胡威取出父亲给自己的那匹绢答谢他，并请他回去。

后来，胡威因其他事给父亲写信时，顺便讲了这件事。胡质知道此事后大发雷霆，将这个都督仗责一百棍，并撤销其职务。胡质、胡威父子这样清廉谨慎，因此声誉远近闻名。

后来胡威被朝廷授以侍御史的官职，曾封南乡侯，任过安丰太守，升任徐州刺史。他勤于公事，政绩显著。经他治理的地方，社会风气都很好。

有一次，胡威入朝述职，晋武帝召见他，从谈论边疆大事说到生平。晋武帝赞扬他父亲为官清廉，并问胡威："你和你父亲相比，谁更清廉？"胡威回答说："臣不如家父。"晋武帝又问："从哪里说明不如？"胡威说道："家父做事清廉恐怕别人知道，臣清廉却恐怕别人不知道。这就是臣不如家父的地方，臣比家父差远了。"

■心灵物语

胡质、胡威父子的清廉有着一定意义上的传承性——有其父必有其子。他们父子俩在相对短暂的官场生涯中为百姓做过无数好事、实事，值得后人景仰。

■史海钩沉

八王之乱

八王之乱指的是发生于西晋时期历时16年（291—306年）之久的一场战乱。战乱的参与者主要有汝南王司马亮、楚王司马玮、赵王司马伦、齐王司马冏、成都王司马乂、河间王司马颙、东海王司马越、长沙王司马颖等八王，故称八王之乱。

太熙元年（290），晋武帝临终前，命弘农大姓出身的车骑将军、杨皇后的父亲杨骏为太傅、大都督，掌管朝政。晋武帝死后，继位的晋惠帝性格软弱，因此即位后，皇后贾南风（即贾后）掌权。

贾后为了让自己的家族掌握政权，于元康元年（291）与楚王玮合谋，发动禁卫军政变，杀死了杨骏。但是，政权并没有因此就落到贾后手中，而是落在了汝南王亮和元老卫瓘的手中，贾后政治野心未能实现。

当年六月，贾后又使楚王玮杀汝南王亮，然后反诬楚王玮矫诏擅杀大臣，将王玮处死。贾后遂执政，于元康九年废太子遹，次年杀之。诸王为了争夺中央政权，不断进行内战，八王之乱由此爆发。

■文苑荟萃

咏怀诗

（晋）阮　籍

天地絪缊，元精代序。

清阳曜灵，和风容与。

明日映天，甘露被宇。

翁郁高松，猗那长楚。

草虫哀鸣，鸧鹒振羽。

感时兴思，企首延伫。

于赫帝朝，伊衡作辅。

才非允文，器非经武。

适彼沅湘，托分渔父。

优哉游哉，爰居爰处。

吴隐之饮"贪泉"不贪财

> 吴隐之（？—414年），字处默，东晋濮阳鄄城人，曾任中书侍郎、左卫将军、广州刺史等职，官至度支尚书，我国东晋时期的著名廉吏。

吴隐之，东晋人，虽然家境贫穷，但勤学好问，因此学富五车。他品德高洁，志向高远，因此极受当时大司马桓温的赏识，被任命到晋陵郡做了太守。隆安年间，东晋简文帝听说吴隐之清正廉洁，就将他提升为广州刺史。

在晋陵为官时，吴隐之从不接受任何人的礼物。朝廷给他的俸禄除维持全家人的生活之外，还要接济生活困难的族人。为了节约开支，他处处精打细算，不仅平时很少吃肉，而且让妻子织布缝衣；在街上买了烧火的劈柴，也是自己亲自背回家里。有一年冬天天寒地冻，吴隐之夫妻俩竟然连一床厚棉被也没有。女儿出嫁，因为没钱置办嫁妆，忍痛把一条心爱的小狗拉到街上卖了，才勉强置办了一些简单的嫁妆。

吴隐之被提升为广州刺史后，依然一身清廉。广州离东晋的国都建康（现南京）有千里之遥，许多官员自恃天高皇帝远，常横行霸道，贪赃枉法。负责此处军政大事的刺史就是当地一霸，终日胡作非为。由于广州盛产奇珍异宝，一个人只要能获得一箱宝物，就够子孙数代享用，因此广州历任刺史及其属下多是贪污受贿的不法之徒。

可这些不法之徒还不知反省自己的品德操守，而是百般为自己开脱罪责，说他们之所以会在广州犯罪，是因为在赴任的路上误饮了"贪泉"之水，"贪泉"是距广州20里的石门的一处泉水。于是，官员们为了表明自己是清官，无论多渴都不饮"贪泉"之水。

吴隐之上任广州刺史，路经"贪泉"时却偏偏要饮。家里人劝他还是小心一点儿好。吴隐之不听，不仅喝完"贪泉"水，还赋诗一首。

古人云此水，一歃怀千金。试使夷齐饮，终当不易心。

他觉得人只要心中无贪的欲念，无论喝多少"贪泉"水都不会贪。

吴隐之在广州上任后，屋里的陈设极其普通，平时吃的也是蔬菜、干鱼之类的东西。有人唆使厨师在烹鱼时把鱼骨剔除后再往上送，暗示吴隐之广州地处偏远，贪污一些也不会骨鲠在喉。吴隐之知其含义后，不但不为所动，反而更加警惕。吴隐之任满返回建康时，连一点儿金银宝物也没有带上。他的夫人曾买了一斤沉香，吴隐之发现后扔到了河里，那条河因此被称为"沉香浦"。

吴隐之为官几十年，家中只有薄地数亩，茅屋数间。有人要送给他车马，还有人要给他另建府第，他都一一谢绝了。因此，人们都说，吴隐之是一位"处可欲之地，而能不改其操"的好官。

■心灵物语

吴隐之深知官员的蜕变、腐败都是源于内心的贪念，而不是因为喝了所谓的"贪泉"之水，于是他"固执"地饮下泉水，以明其志向。吴隐之敢为天下先的勇气值得敬仰，而敢于向贪官宣战的勇气更值得我们学习。

■史海钩沉

石崇斗富

西晋时期，统治阶级穷奢极欲，贪婪地剥削人民，聚敛钱财，养成了一种夸富的社会风气。后将军王恺和散骑常侍石崇斗富的故事，堪称晋朝历史上的一段奇闻。

王恺用糖水洗锅，石崇就用蜡烛当柴烧；王恺用紫色的丝绸作布帐40

里长，石崇就用锦作帐50里长；王恺用花椒香料涂墙，石崇就用红色大理石砌屋……

王恺屡战屡败，最后想出了一个办法。他向晋武帝司马炎借了一株两尺多高的珊瑚，拿出来让石崇看。他以为这是皇宫珍品，石崇一定会输。结果石崇看到后，不但不称赞，反而拿起一把铁如意把王恺借来的珊瑚击得粉碎，然后扬长而去。这下可把王恺吓坏了，皇上的东西给击碎了，可还了得！他气得暴跳如雷，冲到石崇家要去拼命。

不想石崇笑哈哈地接待了他，随即命家人搬出数十株珊瑚。这些珊瑚，大的有三四尺高，最小的也有二三尺。像击碎王恺那样的珊瑚，在这里是最次的。

石崇说："看你气得那样，值得吗？你要我赔你的珊瑚，你自己随便拿好了。"

王恺顿时羞得哑口无言，他连击碎的珊瑚也不索赔了，一溜烟地逃走了。

■文苑荟萃

长歌行

（东晋）谢灵运

倐烁夕星流。昱奕朝露团。

粲粲乌有停。泫泫岂暂安。

徂龄速飞电。颓节骛惊湍。

览物起悲绪。顾己识忧端。

朽貌改鲜色。悴容变柔颜。

变改苟催促。容色乌盘桓。

亹亹衰期迫。靡靡壮志阑。

既惭臧孙慨。先愧杨子叹。

寸阴果有逝。尺素竟无观。

幸赊道念戚。且取长歌欢。

孙谦卸任无居所

　　孙谦（425—516年），字长逊，南北朝时东莞郡莒县人。他经历了南朝的宋、齐、梁三朝，并以清廉著称。

　　宋明帝泰始初年，孙谦任建安王的司徒参军，因有才干，建安王向朝廷推荐，宋明帝便提升他为明威将军和巴东、建平二郡太守。巴东、建平二郡地处长江三峡，地势险要，历朝都十分注意武备。孙谦将要去赴任时，宋明帝命令他招募一千兵丁带去，孙谦奏道："边疆少数民族以往不归顺，大多是因为地方官对他们的统治失去节制，何至于招那么多兵马，给国家增加负担呢！"他坚决推辞，不肯招兵前往。

　　孙谦到巴东、建平二郡任职后，没有像以往的地方长官那样作威作福。他体察民情，减少苛捐杂税，并尊重当地民族的风俗。孙谦的清廉作风感化了当地的少数民族，他们尊敬孙谦，争着向他赠送珍宝。遇到这种情况，孙谦总是耐心地向他们讲明道理，然后让他们将珍宝原封带回去，从来没有接受过一份礼品。有时官兵带回的俘虏，他都一一释放回家。按照惯例，太守的俸禄除朝廷发放的一份之外，还有向当地吏民摊派的一份，孙谦却免除了向吏民摊派钱粮的旧例。

　　由于孙谦廉洁奉公，使巴东、建平二郡，政通人和，百姓安居乐业，他的威信也大大提高。孙谦任职三年后，宋明帝诏他回京，封为抚

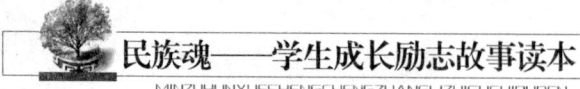
军中兵参军。

南齐建立后，齐高帝封孙谦为宁朔将军、钱唐县令。他在钱唐县令任上，审理案件化繁为简，公正廉明，监狱中没有长期关押的囚犯。到他离任时，钱唐县的百姓对他依依不舍。百姓对他在任期内从不接受礼物十分过意不去，于是很多人拿出丝绸装了满满一车，要送给他以表心意。孙谦仍然坚决不肯接收。

梁朝建立后，梁武帝封宋谦为辅国将军、零陵太守。当时他虽然已经年老体弱，但仍尽心竭力处理政务。他常鼓励境内农民耕作农田、种桑养蚕，并经常考察耕植的成效，要求充分使用地力。这样一来，他所管郡县的粮食和蚕丝的收成常常比邻近郡县的收成高，因此郡内百姓得以安居乐业。

孙谦一生为官，历任二县五郡之长，在位时都很廉洁，因此家无余财，连一处住宅都没有，每次离任后，常常没有落脚之地，常借住在官府的车棚里。他生活过得俭朴，床上铺的是苇草编的粗席，冬天只有布被、蒲草席，夏天连蚊帐都没有。

■心灵物语

孙谦始终把百姓的利益放在首位，鞠躬尽瘁，每次离任后自己连一个落脚的地方都没有。谁能够理解官员竟会有如此的境遇？唯有百姓心中最清楚吧。孙谦一生清明廉洁，虽然生时贫困，死后却流芳百世，受到后人的敬仰。

■史海钩沉

南北朝时期的文学发展

南北朝时期，文学发展迅速，其中南朝的文学风格偏向华丽纤巧，而北朝的文学风格则偏向豪放粗犷。

南朝文学的代表是骈文，讲究格律、辞藻、用典，内容多脱离实际生活，抒发一些富贵闲愁，以庾信、应扬的文章为代表；北朝的代表人物为北地三才，即邢放、魏收、温子升和。叙事长诗以南朝的《孔雀东南飞》和北朝的《木兰诗》为代表。

在文学研究方面，刘勰所著的《文心雕龙》成为中国第一部系统的文艺理论巨著。而南朝梁武帝的长子萧统组织文人编选的《昭明文选》，则成为中国现存最早的一部诗文总集。这两部巨著都对后来中国文学的发展产生了深远影响。

同时，道教也影响了中国的艺术及科学。例如《游仙诗》等文学，描述神仙飘逸之妙或借神仙之说而抒发情怀。道教名士陶弘景、陆修静等人，均擅长神仙文学。

■ 文苑荟萃

《昭明文选》

《昭明文选》又被称为《文选》，是中国现存最早的一部诗文总集，由南朝梁武帝的长子萧统组织文人共同编选。因萧统死后谥号为"昭明"，故而他主编的这部文选也称作《昭明文选》。

《昭明文选》共60卷，所选内容多为大家之作，时代愈近入选愈多。其中，楚辞、汉赋和六朝骈文占有相当的比重，诗歌则多选对偶严谨的颜延之、谢灵运等人的作品，陶渊明等人的平易自然之作则入选较少。根据作品划分的类别，也可以反映出汉魏以来文学发展、文体增多的历史现象。

徐勉"清白留子孙"

徐勉（466—535），字修仁。南北朝时梁朝东海郡郯县（今山东郯城北）人。

徐勉在青少年时期就志存高远。天监二年，梁武帝授予他给事黄门侍郎、尚书吏部郎，参与掌管选拔官吏的重任。梁武帝派军北伐时，徐勉已升任侍中之职，负责掌管军事文书，废寝忘食地工作，往往几十天才能回家一次，连家中的狗也对他陌生起来。每当他回家时，那些狗都惊叫起来。徐勉感叹地说："我忧国忘家，竟到了这种地步。如果我死后，这也是传记中可写的一件事。"

天监六年，梁武帝授予他给事中、五兵尚书之职，不久又升为吏部尚书。徐勉在吏部尚书任上，选拔官吏时公私分明，对选用的官吏都是按才能依次录用，不徇私情。

有一次，徐勉与门客饮酒赏月，有个叫虞暠的门客向他求官，要求任詹事五官，进宫侍奉皇帝。徐勉听了后，神情严肃地回答说："今天晚上只能谈与清风明月有关的事，不宜谈及公事。"人们都十分佩服他这种无私的品格。

徐勉一生行事公正而谨慎，梁武帝升他为中书令，并赐给他20名亲信作为护卫。徐勉却以有病为由请求解除他的朝内职务。

　　徐勉一生身居高位，但从不营置家产。他平时所得的俸禄，大都分给了亲族中的穷困者，因此家里没有蓄积。他的门客和朋友都劝他为后代置点产业，他却回答说："别人给子孙留下财产，我给子孙留下清白。子孙们如果有才能，他们自会创家业；如果他们不成才，即使我留下财产，也会转到别人手中去。"徐勉曾写信告诫儿子徐崧说："我们家世代清廉，所以平常日子过得清苦，至于置办产业这件事，从来没有提及，不仅仅是不经营而已。古人说：'以清白的名声留给子孙，不也是一份很丰厚的遗产吗？'又说：'把整筐的黄金留给子孙，不如教他们攻读一门经书。'仔细研究这些言论，的确不是空话。我虽然才能低下，但有自己的心愿，幸而能够遵奉古人这个经验去做，就不敢半途而废。自从我身居高位以来，将近30年，一些门人和朋友极力劝我趁有职有权时见机行事，有人劝我购置田园；有人劝我开设商店客栈，或者搞点儿水上运输，也会经营生利，发财致富。像这样一些意见，我都拒绝未采纳。这并不是我要学汉朝的公仪休那样'拔葵去织'不与民争利，而是想减少后代为争夺财产而闹得一塌糊涂的情况出现。"

■心灵物语

　　在徐勉的眼中，清白是留给子孙最好的财产。从某种意义上讲，徐勉也是在用自己的实际行动教育后人做官要清正廉洁，一身正气。

■文苑荟萃

采　桑

（南朝宋）鲍　照

季春梅始落，女工事蚕作。

采桑淇洧间，还戏上宫阁。

早蒲时结阴，晚篁初解箨。

蔼蔼雾满闺，融融景盈幕。

乳燕逐草虫，巢蜂拾花萼。

是节最暄妍，佳服又新烁。

绵叹对逈途，扬歌弄场藿。

抽琴试抒思，荐佩果成托。

承君郢中美，服义久心诺。

卫风古愉艳，郑俗旧浮薄。

灵愿悲渡湘，宓赋笑瀍洛。

盛明难重来，渊意为谁涸。

君其且调弦，桂酒妾行酌。